CORDULA ROEMER

PERLEN IM GETRIEBE – HOCHSENSIBEL IM BERUF

STÄRKEN GEZIELT EINSETZEN

humboldt

INHALT

EIN ARBEITSTAG DER JANA S., TEIL 1

Der Tag beginnt

Der Wecker klingelt. Nein, er klingelt nicht. Er krakeelt, er schreit und bohrt sich schließlich mit aller Macht mit seinem elektronischen Gedudel gnadenlos in mein noch im Tiefschlaf befindliches Hirn. Schlaftrunken taste ich nach dem Knopf, um diese frühmorgendliche Tortur zu beenden. Auf dem Weg zur Erlösung landet meine Hand im Wasserglas, und die daneben liegenden Kopfschmerztabletten purzeln auf den Fußboden. Endlich Stille! Ich atme durch, genieße die Ruhe, durchsetzt von tiefen Atemzügen neben mir.

5:55 Uhr. Fünf Minuten noch. Die gebe ich mir immer, sozusagen als Bonus für dieses viel zu frühe Aufstehen. Damit habe ich das Gefühl, ich hätte ja noch Zeit. Zeit, mein System in Gang zu bringen und mich innerlich auf den Tag vorzubereiten. Sören neben mir kann noch liegen bleiben. Er ist Lehrer und muss heute erst zur dritten Stunde in die Schule. Glückspilz! Ich schließe die Augen, atme ruhig und tief und ... Jäh wird mir klar, dass dieser Wecker, ein Geschenk meiner Schwiegereltern, ein Folterinstrument ist. Und er hat genau jetzt ausgedient! Aus! Vorbei! Seine Zeit ist abgelaufen! Wieso habe ich mich eigentlich von diesem Monstrum an so vielen Morgen foltern lassen? Mir wird bewusst, dass ich doch selbst entscheiden kann, wie und von wem – oder besser gesagt wovon – ich geweckt werden möchte. Bei diesen Gedanken schiele ich das Ding aus den Augenwinkeln an, gerade so, als ob ich mich auf einen weiteren Angriff von ihm wappnen müsste. Aber es schweigt. Besser so.

Die fünf Minuten sind um und ich schäle mich missmutig aus dem warmen Bett. Im Zimmer ist es kalt. Sören schläft gerne bei offenem Fenster. „Ist gesünder!", sagt er immer, obwohl die Nächte gerade sehr frostig sind. Auf dem Weg ins Bad greife ich mir den Wecker, dieses Prunkstück in quietschgelb, poppig pink und froschgrün. Was haben sich seine Eltern nur dabei gedacht? Nur weil wir keine Kinder haben, brauchen wir doch als Ersatz kein Kinderspielzeug! Ich lasse den Wecker ohne Sentimentalitäten im Mülleimer des Badezimmers verschwinden. Vorbei ist vorbei!

Während die Dusche warmläuft, sinniere ich auf der Toilette weiter über eine Weckalternative. Sanft sollte sie sein. Meine Lust aufs Aufstehen wecken. Mich liebevoll und genüsslich aus dem Schlaf kitzeln. Mein empfindliches Gehör nicht schon am frühen Morgen in den totalen Reizgau katapultieren. Ich beschließe, noch gleich heute nach einem eierlegenden Wollmilchwecker zu suchen. Noch immer von Schlaf und der falschen Stunde zerknautscht steige ich in die Dusche, die zumindest mit ihrer wohligen Wärme für etwas Entspannung und eine leichten Verbesserung meiner Laune sorgt.

Wieder zurück im Schlafzimmer hebe ich die abgestürzten Kopfschmerztabletten auf und lege sie in die Schublade des Nachttischs. Es ärgert mich immer wieder, aber nach den stressigen Arbeitstagen in der Firma habe ich in letzter Zeit häufiger Kopfschmerzen. Sören meint, ich solle mich mal ordentlich durchchecken lassen, aber mir ist klar, dass es an dem ständig gestiegenen Druck in der Arbeit liegt. Die Speditionsfirma, bei der ich beschäftigt bin, hat im letzten Jahr stetig expandiert und mit ihr auch meine Arbeit. Für Werbung und weitere Fahrer reicht das Geld, nicht aber für eine weitere Sekretärin. Meine Laune sinkt bei diesen Gedanken prompt wieder, und mein Kopf beginnt zu schmerzen. Ich konzentriere mich auf meine Kleiderwahl: BH, Bluse – geblümt, gestreift, uni? –, Jeans – die graue oder besser die blaue? –, Pullover, nein besser den Blazer, heute steht eine Sitzung mit dem Chef an, Schaltuch und Schuhe. Ach herrje, welche Schuhe? Ich verschiebe die Wahl auf nach dem Frühstück.

In der Küche werfe ich die Kaffeemaschine an, peinlichst darauf achtend, dass die Türen zum Schlafzimmer und der Küche fest verschlossen sind. Sören ist immer sehr ungnädig, wenn er so früh durch mein Geklapper geweckt wird. Auch eine Art von Wecker, denke ich zynisch. Brot und Apfel aufgeschnitten, Butter und Aufschnitt großzügig verteilt. Eine Schnitte gibt es jetzt, die anderen beiden und den Apfel zur Frühstückspause um halb elf. Kauend schnell noch einen Schluck vom viel zu heißen Kaffee genommen, autsch!, alle Brote und die Apfelstückchen in der Dose in meiner Tasche verstaut, Handy gesucht, Mantel übergeworfen, Schlüssel gegriffen und die Wohnungstür leise geschlossen. Mist! Ich habe noch meine Hausschuhe an. Wieder zurück, die erstbesten Schuhe gegriffen, angezogen und wieder raus. Jetzt ist mir nicht vom Duschen warm.

Der Weg zur Arbeit

Ich haste die Treppen herunter und eile im Laufschritt zur Bahn. Sie kommt nur einmal in der Stunde. Wenn ich spät komme, ergattere ich keinen Sitzplatz mehr, aber wenn ich *zu* spät komme, bekomme ich ein ernstes Problem im Büro. Ich bin diejenige, die ab acht Uhr mit freundlich-professioneller Säuselstimme alle Kunden willkommen heißt und sämtliche Aufträge und Fragen mit der Gelassenheit eines buddhistischen Mönchs beantwortet. Eigentlich mache ich das wirklich gerne, aber die Anspannung und der Druck der letzten Monate vergällt mir dies immer mehr.

Keuchend und trotz der Kälte mit kleinen Schweißperlen auf der Stirn versehen, komme ich auf dem Bahndamm an, als die letzten Fahrgäste einsteigen. Das bedeutet fünfunddreißig Minuten stehen. Ich ärgere mich über mich selbst und steige gottergeben in den übervollen Zug ein.

Im Büro

Allein die Zugfahrt hat mich schon geschafft. Zu eng, zu viele Menschen und diese Gerüche! Wie können Menschen bereits so früh am Morgen schon so schlecht riechen? Mit flacher Atmung quetsche ich mich den Großteil der Fahrt an die Waggontür, um bei jedem Halt befreit nach Frischluft zu schnappen. Aber noch schlimmer sind die Menschen, die ihre natürlichen Ausdünstungen mit künstlichen Düften übertünchen, meist so stark, dass sich selbst noch Minuten nach ihrem Aussteigen der Geruch ihres Parfüms oder Rasierwassers in meine Nase heftet.

Ich suche den Büroschlüssel. Ich suche ihn jeden Arbeitstag, jedes Mal mit der Angst im Nacken, ich könnte ihn unbemerkt verloren haben. Allerdings habe ich noch nie in meinem Leben einen Schlüssel verloren. Es ist mein Perfektionismus, der mich da täglich foppt. Das Bürogebäude ist mit einem Sicherheitsschließsystem ausgestattet, und diese Verantwortung trage ich ständig als schwere Last mit mir. Meine Tasche hat so ihre Nischen, ich nenne sie liebevoll meine Schatzeckchen. Immer wenn ich es nicht brauche, finde ich Interessantes oder lang Verschollenes wieder, nur wenn ich suche, finde ich nichts.

Endlich entdecke ich den Schlüssel schön ordentlich in der inneren Seitentasche, um beim Öffnen der Tür festzustellen, dass sie bereits entriegelt ist. Schnaubend stopfe ich meinen Schlüssel wieder in die Tasche und betrete das Haus. Hinauf in den dritten Stock, den Gang mit den flackernden Neonröhren und dem muffigen Teppichboden entlang bis zur vorletzten Tür. Sie steht offen, ich trete ein.

Das Büro unserer Spedition ist eine Raumflucht. Raum an Raum, nur der erste und der letzte Raum sind keine Durchgangszimmer. Das eine Ende ist der Rechenstelle vorbehalten, das andere dem Chef. Ich sitze, ganz meiner Funktion entsprechend, in der Mitte, in dem Raum mit der Eingangstür, die so einladend offen steht. Warum steht sie um diese Zeit eigentlich offen?

Wie gewohnt lege ich die Tasche auf meinen Schreibtisch und hänge meinen Mantel an die Garderobe. Wer ist eigentlich schon hier? Wer hat die Tür aufgeschlossen? Ein kurzer Blick zum Schloss bestätigt mir, dass es wohl keine Einbrecher gewesen sind. Ich werde gleich nachsehen, aber zuerst höre ich den Anrufbeantworter ab, um zu sehen, ob es irgendwelche Notfälle gibt.

Aufgeschreckt durch das Geräusch der gequetschten Stimmen vom Band steckt plötzlich Frau Platzek, die Frau des Firmenleiters, den Kopf um die Ecke. „Guten Morgen, Frau S., ich hoffe, ich habe Sie nicht erschreckt. Ich wollte nur schnell ein paar Sachen aus dem Büro holen, weil Wolfgang, Herr Platzek meine ich, leider erkrankt ist. Nur, dass Sie Bescheid wissen. Ach ja, und die Sitzung heute Nachmittag ist auf kommenden Montag verschoben."

Ich danke ihr und während ich mich, nun etwas entspannter, für mein Tagwerk an meinem Arbeitsplatz einrichte, überkommt mich ein Anflug von Unmut und Langeweile: immer dieselben Fragen, immer dieselben Beanstandungen, immer dieselben Abläufe. Und gleichzeitig diese permanente Unruhe im Büro. Ich habe keinen abgeschlossenen Raum, in dem ich mal für einige Stunden, ach, was sage ich, für ein paar Minuten konzentriert meinen Aufgaben nachgehen kann. Im Gegenteil, ich bin die ständige Ansprechperson in der Firma. „Sie haben eine Frage? Gehen Sie mal rüber zu Frau S. Die kann Ihnen sicher weiterhelfen!" Nicht nur die Kopfschmerzen mehren sich in den letzten Monaten, nein, auch die Unmutsanfälle. Aber glücklicherweise gehen sie meist deutlich schneller als die Kopfschmerzen wieder vorbei.

Während des Arbeitstages gibt es nicht viel Zeit zum Grübeln. Die ersten Fahrer trudeln ein, wir regeln ihre Aufträge, Papiere und Routen. Nun geht es Schlag auf Schlag: Telefonate, Mails und Briefe beantworten, Fahrer betreuen, Kaffee kochen, Kostenvoranschläge erstellen und übersetzen. Es ist unruhig im Zimmer, da immer entweder jemand hereinkommt oder herausgeht, das Telefon klingelt oder sich Kollegen lautstark in den Nachbarräumen unterhalten. Und die Mittagspause entfällt inzwischen auch meistens.

Um 17 Uhr ist Feierabend. Da bin ich pünktlich und konsequent. Nach 16:55 Uhr nehme ich kein Telefonat mehr entgegen. Das habe ich inzwischen gelernt, und die Kollegen haben sich zähneknirschend daran gewöhnt. Ich schalte den Rechner aus, packe meine Tasche, ziehe meinen Mantel an und schließe die Tür ab. Heute bin ich die Letzte.

Der Wecker

Unten auf der Straße fällt mir wieder der Wecker ein. Ach nö, ich will nicht. Ich bin so erschöpft, habe gar nicht die Kraft und den Nerv, mich jetzt durch ein Kaufhaus mit all seinen Gerüchen, Geräuschen,

Lichtern und Menschen zu quälen. Ich überlege, den Weckerkauf aufzuschieben, als mir einfällt, dass ich den alten, das gute Stück, ja bereits in den Müll befördert habe. Und Sören ist schnell mit dem Ausleeren der Eimer. Das Handy als Wecker kommt auch nicht in Frage. Die Strahlung macht mir zunehmend zu schaffen, daher schalte ich es nachts aus und verbanne es – sicherheitshalber – ganz aus dem Schlafzimmer. Kein Funken Strahlung soll meinen kostbaren Schlaf stören. Schweren Herzens biege ich also in Richtung Shoppingcenter ab.

Gewohnter Trubel begrüßt mich in den Hallen des Konsums. Ich überlege, wo ich am ehesten einen Wecker meiner Wahl bekommen könnte, und entscheide mich für das zentrale Kaufhaus mit seinen vielen Abteilungen. „Uhren und Schmuck" – ich folge den Wegweisern, immer wieder von kleinen Remplern aus meinem Rhythmus gebracht und von den starken Gerüchen der Parfüm- und Süßwarenabteilungen überschwemmt. Bei den Uhren angekommen halte ich Ausschau nach interessanten Objekten. Ich verschaffe mir stets gern selbst einen Eindruck, um dann in den Verkaufsgesprächen mitreden zu können und nicht nur: „Aha! Sehr schön! Hm! Was kostet das?" zu sagen.

In einer Vitrine stehen die Wecker, von klein bis groß, von altmodisch bis modern, von rund bis quadratisch. Ich sammle mich und meine Wünsche innerlich, um ein möglichst zügiges und effektives Gespräch mit der noch beschäftigten Verkäuferin zu führen. Ich warte und schaue mir derweil die Armbanduhren an. Ich warte und bestaune jetzt die bunte Vielfalt der ausgestellten Kinderuhren. Sie ähneln unserem verflossenen Weckerungetüm sehr. Ich warte weiter. Mein Kopf beginnt zu brummen, meine Beine und meine Atmung werden schwer und ich bekomme Hunger. Ich warte noch immer. Meine Stimmung wird flattrig, ich überlege zu gehen. Aber ohne Wecker? So früh werde ich morgens niemals von alleine wach.

„Guten Tag, die Dame. Wie kann ich Ihnen helfen?“ Die frische Stimme der jungen Verkäuferin rüttelt mich aus meinen trüben Gedanken und meiner Erschöpfung. „Ich brauche einen Wecker!“ herrsche ich sie ungewollt unhöflich an. Was doch so ein bisschen Warten und Hungrigsein mit einem Menschen macht! Ich räuspere mich und ergänze: „Bitte, ich suche einen Wecker, der einen möglichst sanft weckt.“ – „An was haben Sie da gedacht? Vielleicht einen Radiowecker oder ein klassisches Model? Radiowecker hätten wir in der Hi-Fi-Abteilung.“ Verwirrt starre ich die Verkäuferin an, unschlüssig, was ich will. „Äh, ja, also einen Wecker, der nicht so einen Lärm macht. Haben Sie so etwas?“

Die junge Frau dreht sich zur Vitrine um, holt ihren Schlüssel aus der Hosentasche, schließt den Glasschrank auf und greift sich einige Wecker, die sie vor mir aufbaut. Sie erläutert mir die Unterschiede, die mir nichts sagen, wenn ich sie nicht hören kann. Ich frage, ob sie die Wecker auch anstellen könnte. Mit säuerlichem Gesicht meint sie, sie müsse dazu aus einer Nachbarabteilung erst Batterien holen, und verschwindet, aber erst, nachdem sie die Wecker wieder fein säuberlich in die Vitrine zurückgelegt hat. Ich warte wieder.

Die Verkäuferin kommt zurück, schließt die Vitrine auf, holt die Wecker wieder hervor und bestückt den ersten mit einer Batterie. Der Wecker piepst selbst im trubeligen Lärm des Kaufhauses ohrenbetäubend. Entschuldigend schüttle ich den Kopf. Der nächste Wecker wird bestückt, nein, der nächste, nein, der nächste. „Warten Sie bitte. Können Sie den noch mal anstellen?“ Eine leise Melodie erklingt, ähnlich dem Klang einer kleinen Spieluhr. Bei seinem Klang beginne ich in Sekundenschnelle zu träumen und bekomme nicht mit, dass die Verkäuferin schon dabei ist, die Batterie wieder herauszunehmen. „Nein, nein, warten Sie. Können Sie diesen Wecker bitte noch einmal anstellen?“ Wieder erklingt die zarte

Melodie, wieder bin ich ganz fasziniert. Und sage schnell: „Den nehme ich!“ Die Batterie lassen wir gleich drin.

Endlich begebe ich mich, müde, hungrig, aber zufrieden, mit meinem kleinen Schatz in der Tasche zur Bahn.

Der Abend

Der Abend ist recht kurz. Sören hat noch einen Elternabend zu bestreiten und ist danach mit seinem besten Kumpel zum Dartspielen verabredet. Runterkommen nennt er das. Ich komme auf dem Sofa runter, eine Tüte Chips neben mir, einen schlechten Film vor mir und viel Erschöpfung in mir. Diese sorgt auch für eine angenehme Ruhe während des Films. Als mich der Werbeblock nach dem Film weckt, schalte ich den Fernseher aus, wieder frustriert, dass ich mich nicht zu etwas anderem und wirklich Schönem aufraffen konnte.

Ich liege bereits im Bett, als mir der neue Wecker einfällt. Also ächzend wieder raus, durch den Flur zur Tasche geschlurft, das Ding von seiner Hülle befreit und mich damit wieder ins Bett gekuschelt. Meine Befürchtung wird nicht bestätigt, ich muss keinen Fremdsprachenkurs zum Lesen der sehr kurzen Gebrauchsanweisung belegen. Ein paar simple Bilder geleiten mich zu meinem zukünftigen Weckgenuss. Die Nacht sinkt leise und schnell auf mich hernieder. Der spät heimkehrende Sören stört meinen Traum in schwarz-weiß nur am Rande.

Der nächste Morgen

Ich weiß nicht, warum, aber ich öffne die Augen. Draußen ist es noch dunkel, aber das ist es zu dieser unchristlichen Stunde ja immer in dieser Jahreszeit. Und dann vernehme ich sie: die leise, sanfte Melodie. Ach ja, der neue Wecker. Ich drehe meinen Kopf zur Seite und betrachte ihn, als wäre er ein sachte herniedergeschwebtes Engelein. Ein Lächeln huscht über mein Gesicht. Ich lasse ihn weiter tönen, schließe meine Augen für meine obligatorischen fünf Minuten und atme beim Klang meines neuen Weckers tief durch. Für Sören wäre dieser Wecker nichts.

WEGE ZU EINEM ERFÜLLTEN BERUFSLEBEN

Hochsensible Stärken gezielt entwickeln

Was empfinden Sie, wenn Sie lesen, wie es Jana S. täglich ergeht? Fühlen Sie sich ähnlich? Hadern auch Sie möglicherweise schon seit Längerem mit Ihrem Arbeitsplatz, Ihrem Beruf? Fühlen Sie sich ausgelaugt, gelangweilt oder einfach fehl am Platz? Empfinden Sie sich eher wie der sprichwörtliche Sand im Getriebe – störend statt akzeptiert und fähig? Viel schöner wäre es doch, stattdessen eine *Perle* im Getriebe zu sein: Eine Perle ist einzigartig, vielseitig – und wertvoll. Eigenschaften, die auf Sie zutreffen, wenn Sie in Ihrem Arbeitsumfeld Ihren Finger auf Schwachstellen in Abläufen, Strukturen oder Ergebnisse legen, durch besondere Gaben und Wesenszüge das Klima und die Qualität der Arbeit in besonderer Weise verbessern, weiterentwickeln und prägen!

In der Regel ist es vor allem ein bunter Strauß sozialer und persönlicher Kompetenzen, die das Betriebsklima und den professionellen Umgang miteinander wohlwollend gestalten – die sogenannten *Soft Skills*.

Soft Skills sind im Zusammenhang mit beruflichen Qualitäten seit vielen Jahren in aller Munde. Da soll die neue Mitarbeiterin über hervorragende Kommunikations- und Teamfähigkeiten sowie ein großes Organisationstalent verfügen, der neue Mitarbeiter zuverlässig und kritikfähig sein und ein hohes Maß an Eigeninitiative zeigen. Es scheint, dass die Soft Skills den fachlichen Kompetenzen, den sogenannten Hard Skills, langsam den Rang ablaufen. Unzählige Bücher und Webseiten klären über die Wichtigkeit und Erforderlichkeit dieser Kompetenzen auf und bieten vielfältige Wege an, sie zu erlernen, falls sie nicht im gewünschten Umfang zur Verfügung stehen sollten.

Soft Skills sind im Zusammenhang mit beruflichen Qualitäten seit vielen Jahren in aller Munde.

Vielleicht keimt in Ihnen der Gedanke oder gar die Sorge auf, wie viele und vor allem welche dieser wertvollen Kompetenzen Sie in sich vereinen und welche Folgen es für Sie haben könnte, sollten Sie über manche nicht oder nur begrenzt verfügen. Sorgen Sie sich nicht!

Dieses Buch begleitet Sie auf Ihrem Weg zur Entfaltung Ihres ureigenen bunten Straußes. Sie benötigen nicht zwingend weitere Soft Skills, es sei denn, Sie wünschen sich in Ihrem Leben weitere Kompetenzen. Gerade hochsensible Menschen vereinen in sich, quasi von Haus aus, eine interessante Vielzahl sozialer und persönlicher Kompetenzen, über die Normalsensible oft nicht in dem Umfang verfügen. Als Beispiele seien hier nur genannt: Weitblick und hohes Verantwortungsbewusstsein, Detailgenauigkeit und großes Harmonieempfinden, viel Kreativität oder eine hohe Empathiefähigkeit.

Für Sie als hochsensibler Mensch mag es von größerem Interesse sein herauszufinden, welches die Kompetenzen sind, die Ihnen bereits in die Wiege gelegt wurden, und diese Gaben dort, wo sie zur Geltung kommen und Früchte tragen können, erblühen zu lassen.

Ein kleines Beispiel mag dies verdeutlichen: Stellen Sie sich vor, Sie sind Verkäuferin in einem größeren Kaufhaus. Sie lieben es, die Ware der Kundschaft liebevoll einzupacken und mit netten kleinen Verpackungstricks zu verschönern. Die meisten Ihrer Kunden schätzen dies sehr an Ihnen, aber aus der Chefetage bekommen Sie einen Rüffel, da Sie durch diesen Zusatzaufwand mehr Zeit und Material benötigen. Ihnen wird untersagt, weiterhin so viel Einsatz dafür zu bringen. Anfangs sind Sie frustriert, dann ärgern Sie sich, und selbst wenn Sie es irgendwann als gegeben zu Seite schieben, beginnen Sie allmählich still und leise zu leiden, ganz unbemerkt und vielleicht auch ganz ohne zu wissen, dass die Ursache Ihres Kummers diese berufliche Einschränkung ist. Sie fühlen sich zunehmend unwohl an Ihrem Arbeitsplatz, der Wunsch nach einer anderen Arbeitsstelle entsteht, und Sie beginnen zu suchen.

Sie werden in einem kleinen Geschäft für Geschenkartikel fündig. Hier freut sich nicht nur die Kundschaft über Ihre kunstfertigen Verpackungen, sondern es gehört nun auch zu Ihren Aufgaben, die Verkaufstische und -regale zu arrangieren. Sie erfreuen sich wieder an Ihrem Beruf.

Es genügt völlig, Ihre vorhandenen sozialen und persönlichen Fähigkeiten einzusetzen.

Sie sehen, Sie brauchen nicht die sprichwörtliche eierlegende Wollmilchsau in Sachen Soft Skills zu werden. Es genügt völlig, Ihre bereits vorhandenen sozialen und persönlichen Fähigkeiten dort einzusetzen, wo sie für eine optimale Gestaltung Ihrer Arbeit sorgen können.

Allerdings ist dies zuweilen leichter gesagt als getan. Hochsensible Menschen kämpfen häufig bereits von klein auf damit, von ihrer Umwelt nicht so gesehen zu werden, wie sie sind. Die Folgen sind mangelndes Selbstwertempfinden und verdrängte Talente. Wenn Sie oft genug zu hören bekamen, Sie sollen nicht immer so empfindlich sein und das, was Sie alles sehen, hören, riechen oder fühlen, könne ja gar nicht stimmen, dann werden Sie als Kind Ihre Empfindungen und Fähigkeiten für sich behalten und versteckt haben.

Nun ist es an der Zeit, diese wieder ins Licht zu bringen. Dieses Buch begleitet Sie auf Ihrem Weg, denjenigen Kompetenzen, über die Sie kraft Ihrer Disposition der Hochsensibilität verfügen, wieder zu vertrauen und sie für Ihr berufliches Wirken einzusetzen. Entwickeln Sie ein Gefühl für Ihren eigenen hochsensiblen Soft-Skills-Strauß, mit dem Sie Ihr Berufsleben und Ihr Umfeld auf Ihre spezielle Weise bereichern.

Berufliche Probleme aktiv lösen

Es kann viele Gründe geben, warum Sie sich beruflich nicht wohlfühlen, große und kleine, geringfügige oder aber auch tiefgreifende Gründe. Aber ganz gleich, wie umfassend Ihre Probleme sind: Damit Sie zufriedenstellende Lösungen für Ihr berufliches Problem finden und nutzen können, braucht es zu allererst – Sie!

Sie sind der Mittelpunkt Ihrer Realität! Das heißt: Alles, was Sie denken oder tun, hat eine Auswirkung in Ihrem Leben. Ob Sie über jemanden schlecht denken, jemandem am Straßenrand behilflich sind, Ihre Aufgaben in der Firma schludrig oder mit Akribie erfüllen – alles hat eine Auswirkung auf Ihr eigenes Leben. Manche Folgen können Sie selbst nachvollziehen, wie beispielsweise den Ärger im Betrieb als Folge einer nachlässig erledigten Aufgabe. Aber viele andere Dinge entziehen sich häufig unserem Erkenntnisvermögen, und so neigen wir Menschen oft dazu, davon auszugehen, unser Denken und Handeln hätte keine Auswirkung auf uns selbst. Dieser Gedanke ist nicht in unserem Alltagsbewusstsein verankert, vor allem nicht, *wann* und *wie* wir selbst für unsere Realität sorgen können. Das lässt viel Spielraum für Unsicherheiten, Missverständnisse oder Vermutungen.

An einem Beispiel aus meiner Seminartätigkeit mit Erwachsenen möchte ich Ihnen das Phänomen der eigenen Realität gerne verdeutlichen:

Die Aufgabe bestand darin, eine Minute lang aus dem Fenster zu schauen und anschließend niederzuschreiben, was jede und jeder gesehen hatte. Das Fenster ging zu einer Geschäftsstraße hinaus, daher gab es eine Menge zu beobachten. Nachdem alle ihre Wahrnehmungen aufgeschrieben hatten, wurden sie vorgelesen und an der Tafel notiert. Gleiche Wahrnehmungen wurden mit Zählstrichen versehen.
Das Ergebnis war verblüffend: Selten wurde dieselbe Sache oder Situation mehr als fünf oder sechs Mal erwähnt, obwohl die Gruppe etwa zwanzig und mehr Teilnehmer umfasste. Selbst markante Gegenstände wie blinkende Werbung oder auffällige Situationen wurden nur von wenigen in gleicher Weise beobachtet. Immer waren es unterschiedliche Details oder völlig andere Schwerpunkte in der Gesamtbetrachtung. So gab es Teilnehmer, die ihren Fokus auf die Beobachtung der vorbeigehenden Menschen legten, die Wahrnehmung anderer war wesentlich stärker auf Gegenstände wie Fenster, Dächer, Straßenbeschaffenheit oder Autos fokussiert. Wiederum andere beobachteten vorrangig zwischenmenschliche Interaktionen.

Was sagt uns dieses Ergebnis? Jeder Mensch hat einen völlig eigenen Blick auf die Dinge. Der individuelle Blick ist geprägt von den eigenen Erfahrungen, ist gefüllt mit den eigenen Bedürfnissen und richtet sich an den eigenen Motivationen aus.

Wenn Sie sich nun vorstellen, Sie müssten sich mit den anderen Seminarteilnehmern über die beobachteten Dinge und Situationen verständigen, könnte es leicht zu Missverständnissen und Komplikationen kommen. Der eine hat nicht gesehen, was Sie beobachteten, soll aber seine Meinung dazu abgeben. Oder die Kollegin hat die wahrgenommene Situation völlig anders als Sie bewertet. Dies macht deutlich, warum es häufig so schwierig ist, anderen Menschen den eigenen Standpunkt oder Blickwinkel korrekt zu vermitteln. Das bedeutet, was Sie als Tatsache sehen und empfinden, mag sich für Ihre Kollegen völlig anders darstellen.

Ist Ihre Wahrnehmung nun falsch? Mitnichten! Es ist *Ihre* Wahrnehmung der Dinge, und als solche sollten Sie sie ernst nehmen. Sie sehen die Welt, wie *Sie* sie sehen, andere Menschen haben ein anderes Bild von den Gegebenheiten.

Wenn sich also in *Ihrer* Realität ein Hindernis auftut, ist es sinnvoll, genau hinzuschauen, was genau das Problem ist, worin die mögliche Hilfe anderer bestehen könnte und welchen Teil nur Sie letztlich ändern können oder sollten, um ein für *Sie* befriedigendes Ergebnis zu erhalten. Würden Sie zu viel an Einflussnahme abgeben, könnte es passieren, dass die andere Person ein anderes Problem als das Ihre behebt oder Ihr Problem gar verschlimmert. Häufig verhalten wir uns im Alltag aber genau so. Ein Beispiel aus meinem Berufsleben:

Nehmen Sie Ihre eigene Wahrnehmung ernst.

Ich neigte früher dazu, krisenhafte Situationen zu lange auszuhalten. Es könnte sich ja bald etwas daran ändern, oder vielleicht lag in dieser Krise für mich eine spezielle Lernaufgabe ... Häufig wurden solche Situationen letztlich dann durch die andere Seite verändert, indem beispielsweise die betreuten Klienten keine Lust mehr auf eine Zusammenarbeit mit mir hatten. Ich gab meine Entscheidung, das Problem selbst zu lösen, und somit die Gestaltung meiner eigenen Realität, aus meinen Händen und überließ sie anderen.

Was hat nun dieser individuelle Blickwinkel mit Ihren Soft Skills zu tun? Ihre Soft Skills helfen Ihnen maßgeblich dabei, Ihr Leben so zu gestalten, wie es Ihnen vorschwebt – Herausforderungen inbegriffen. Je nachdem, welche Kompetenzen Sie nutzen und ob Ihnen Ihre eigenen Fähigkeiten bewusst zur Verfügung stehen, können Sie Ihre Lebens- und somit auch Ihre Arbeitsbedingung möglichst passgenau für sich selbst gestalten. Warten Sie daher nicht darauf, dass andere Ihr Leben in ihre Hand nehmen. Nutzen Sie Ihre Gaben, denn sie sind maßgeschneidert für Ihr hochsensibles Wesen und Leben!

NEHMEN SIE IHR LEBEN IN DIE HAND

Verabschieden Sie sich von der – unbewussten – Hoffnung, jemand anderes könne für *Ihre* Probleme verantwortlich sein oder sie lösen. Wenden Sie sich Ihrem Inneren zu, Ihren Wünschen, Zielen, Möglichkeiten, und sorgen *Sie* für *die* Lösung, die auch zu *Ihnen* und *Ihrem* Leben passt. Eigene Lösungen zu finden und anzuwenden bringt große Freude und Zufriedenheit in Ihr Leben – denn es ist *Ihre* Lösung! Maßgeschneidert!

Lernen Sie anhand kleinerer und größerer Unstimmigkeiten in Ihrem Beruf zu erkennen, was für Sie nicht mehr stimmt und was Sie stattdessen brauchen. Da letztlich kein anderer Mensch die für Sie notwendige Veränderung erwirken kann, liegt, genau betrachtet, die Verantwortung bei Ihnen, Ihre Lösung selbst zu entwickeln. Wenn es also (wieder) gut werden soll, tun Sie es selbst und tun Sie es auf Ihre Weise!

Aber was und wie ist Ihre Weise? Und welchen Nutzen hat es, das eigene Wesen dabei so herauszustellen und nicht einfach in der Masse mitzuschwimmen? Diese Frage stellen sich viele Menschen im Wandelprozess, so auch Hochsensible, wenn sie sich ihrer Veranlagung bewusst werden und sie aktiv leben möchten.

Nun beginnt der Weg der (Selbst-)Entdeckung und (Selbst-)Entfaltung: Was kann ich gut? Woran habe ich Spaß? Was wollte ich schon immer mal tun bzw. was ist mir wichtig, zu tun? Was geht für mich überhaupt nicht mehr? Mit diesem Buch möchte ich Sie auf Ihrem Weg begleiten, die dafür hilfreichen und in Ihnen angelegten Soft Skills zu entdecken und zu nutzen.

Innere Blockaden und Zweifel überwinden

Der Wunsch nach beruflicher Veränderung ist häufig der Ruf nach innerem Wachstum, nach Reifung der eigenen Persönlichkeit. Zuweilen ist dieses Sehnen noch nicht bewusst, aber das Unbewusste lenkt uns zu den Situationen oder Menschen, die uns fördern oder guttun. Aber da das in diesem frühen Stadium meist schwer zu erkennen ist, werden die unangenehmen Situationen vorerst als ein Problem verstanden, das es zu beseitigen gilt. So mag ein neuer unangenehmer Vorgesetzter im Grunde vielleicht die Einladung dazu sein, den Arbeitsplatz zu wechseln. Oder dafür zu sorgen, dass Sie sich zukünftig besser abgrenzen und für Ihre Bedürfnisse einstehen. Herauszufinden, worin genau die Herausforderung einer schwierigen Situation liegt, ist manchmal ein fast kriminalistisches Unterfangen – aber mit einer extrem hohen Aufklärungsrate! Und haben Sie die Lösung noch nicht gefunden, wird Ihnen das Leben weitere Hinweise schicken.

> Mit diesem Buch lernen Sie die hilfreichen und in Ihnen angelegten Soft Skills zu entdecken und zu nutzen.

Nun kann es sein, dass unbewusste Überzeugungen oder Zweifel die Umsetzung von Wünschen oder Zielen verhindern oder den Wünschen sogar zuwiderlaufen. Meist handelt es sich hierbei um Überzeugungen – auch Glaubenssätze genannt –, die in den ersten Jahren unseres Lebens entstanden sind. Da wir nur etwa fünf Prozent unserer Überzeugungen bewusst wahrnehmen, können Sie sich sicherlich vorstellen, welch ungeheure Kraft und Auswirkung die unbewussten 95 Prozent auf uns haben. Hier sind in der Regel die verinnerlichten Haltungen und Verletzungen beheimatet, die wir in Kindheitstagen erfahren haben. Sie können uns auch heute noch in unserem Erwachsenenleben blockieren. Auch diese Glaubenssätze werden wir uns im Lauf des Buches ansehen und in Frage stellen.

Um Ihr Berufsleben zukünftig erfüllt zu gestalten, ist es sinnvoll, nicht nur die äußere Welt zu betrachten und sie Ihren Bedürfnissen und Fähigkeiten anzupassen, sondern auch Ihr Innenleben zu beleuchten und mögliche Verletzungen auszumachen und sie zu „verarzten", damit sie Sie nicht weiter an Ihrem Wachstum behindern. Dabei hilft Ihnen dieses Buch. Entfalten Sie Ihre Talente und Fähigkeiten, werden Sie zur hochsensiblen Perle im Getriebe!

HOCHSENSIBILITÄT – TALENT UND HERAUSFORDERUNG

Finden Sie heraus, ob Sie hochsensibel sind

Nach dem derzeitigen wissenschaftlichen Stand ist Hochsensibilität die „Veranlagung zu einem reizoffeneren sensorischen System". Das heißt, über alle Sinneskanäle wird mehr aufgenommen und in Hirn und Körper intensiver verarbeitet als bei Normalsensiblen.

Das Phänomen betrifft Frauen und Männer gleichermaßen, tritt in allen Kulturen auf und ist weder eine Krankheit noch eine Störung. Nicht bei jedem Menschen sind sämtliche Sinneskanäle gleich stark betroffen, aber meist ist eine besondere Empfindsamkeit in zwei, drei Bereichen festzustellen. Hochsensibilität als solche führt gar nicht zwingend zu Problemen, es ist vielmehr die unpassende, zu „reiz-volle" Umgebung und die Tatsache, dass die spezifischen Bedürfnisse, die eine Hochsensibilität mit sich bringt, nicht entsprechend berücksichtigt werden (können).

Sie finden den Fragebogen z. B. auf http://sensibel-beraten.de.

Möglicherweise wissen Sie bereits, dass Sie zur Gruppe der hochsensiblen Menschen gehören. Wenn Sie sich darüber unsicher sind, nutzen Sie den Fragebogen der amerikanischen Psychologin und Psychotherapeutin Elaine N. Aron, den Sie ganz leicht im Internet recherchieren können. Aron ist seit Beginn der 1990er-Jahre federführend in der Forschung rund um Hochsensibilität aktiv. Sie hat sowohl die heute geläufige Bezeichnung „hochsensible Person" *(„highly sensitive person")*, kurz HSP, geprägt, als auch in ihren Büchern zentrale Erkenntnisse über das Wesen, die Gaben und Schwierigkeiten feinfühliger Menschen beschrieben.

Inzwischen mehren sich auch in Europa die Forschungen und wissenschaftlichen Arbeiten zu diesem Thema, aber da Hochsensibilität ein hochkomplexer Aspekt der Persönlichkeit ist, sind auch in Zukunft weitere und umfassende Forschungen nötig. Ein medizinisch oder psychologisch anerkanntes Testverfahren zur Erkennung oder Messung einer möglichen Hochsensibilität gibt es derzeit noch nicht, aber es wird daran gearbeitet.

Arons Fragebogen gibt einen ersten Eindruck über das Phänomen und bietet Ihnen eine erste Orientierung darüber, ob Sie tatsächlich hochsensibel sein könnten.

SICH AUSTAUSCHEN HILFT!

Um tiefere Gewissheit zu erlangen, empfiehlt es sich, sich zusätzlich mit anderen Hochsensiblen auszutauschen und zu spüren, wie Sie sich im Zusammensein mit Gleichartigen fühlen. Unter Umständen können Sie auch eine spezielle HSP-Beratung zu Hilfe ziehen.

Informieren Sie sich mithilfe der auf S. 191 angegebenen Links im Internet unter dem Stichwort „Hochsensibilität" oder „HSP", um eine Gruppe in Ihrer Nähe zu finden.

Die Forschung zur Hochsensibilität ist noch vergleichsweise jung, daher werfen sich bei der Klärung, ob Sie selbst hochsensibel sind, meist viele Fragen auf. In der Kombination Fragebogen, Austausch mit Gleichartigen und einer fundierten HSP-Beratung können Sie Ihre Vermutung präzisieren und vertiefen. Gerade der Kontakt und die Auseinandersetzung mit anderen Hochsensiblen ist in der ersten Zeit sehr unterstützend. Durch andere Feinfühlige können Sie erfahren, wie diese ihre eigene Empfindsamkeit bewerten und damit umgehen und wie sie typische Schwierigkeiten meistern. So fühlen Sie sich mit Ihrem eigenen Wesen nicht mehr so verloren und alleine.

Da Sie vermutlich in einem Arbeitsfeld tätig sind, das nicht gezielt auf hochsensible Bedürfnisse und Arbeitsbedingungen ausgerichtet ist, ist das Ausfindigmachen anderer feinfühliger Menschen häufig ein schwieriges Unterfangen. Manche Hochsensible haben diesbezüglich eine gute Intuition und „erspüren“ Gleichartige. Ist Ihnen dies aber nicht möglich oder gibt es tatsächlich niemand anderen in Ihrem direkten Umfeld, ist es sinnvoll, gezielt Orte oder auch Internetforen aufzusuchen. Der positiv stärkende Effekt des Austauschs mit anderen Hochsensiblen ist für Ihre Psyche nicht zu unterschätzen!

Der positiv stärkende Effekt des Austauschs mit anderen Hochsensiblen ist für Ihre Psyche nicht zu unterschätzen!

Eine weitere wesentliche Hilfe für das Erkennen der eigenen Hochsensibilität sind Merkmale und Verhaltensweisen. Es gibt Wesenszüge, die typisch sind, beispielsweise eine hohe Detailwahrnehmung, leichte Ablenkbarkeit oder die Eigenart, erst zu beobachten und dann zu handeln. Elaine N. Aron nennt dies die primären Merkmale. Andere Verhaltensweisen entstehen durch die Blockierung oder Unterdrückung der hochsensiblen Veranlagung. Dazu können verstärkte Introversion, mangelndes Selbstbewusstsein oder eine erhöhte Neigung zu Ängsten gehören. Diese Charakteristika nennt

Aron die sekundären Merkmale. Die Herausforderung bei der Entdeckung der eigenen Hochsensibilität ist die Unterscheidung der beiden Merkmalskategorien, um mögliche andere Ursachen für die eine oder andere Verhaltensweise zu erkennen.

Zu den Merkmalen für Hochsensibilität gehören auch spezifische Gaben wie die Neigung zu einem großen Verantwortungsbewusstsein, eine ausgeprägte Kreativität, starker Innovationsgeist oder ein ausgeprägter Gerechtigkeitssinn. Hier wird die Brücke zu den Soft Skills (siehe S. 53) deutlich. Im Laufe dieses Buches werde ich Ihnen derartige Parallelen immer wieder aufzeigen.

Typisch hochsensible Verhaltensweisen

Um Ihnen das Erkennen eigener typisch hochsensibler Verhaltensweisen und Bedürfnisse zu erleichtern, finden Sie im Folgenden zusätzlich zum Fragebogen von Elaine N. Aron einige zentrale Merkmale erläutert. Spüren Sie, von welchen Sie sich angesprochen fühlen, bei welchen Sie eine sogenannte „Resonanz" wahrnehmen: Kribbelt es dabei in Ihrem Bauch, wird Ihnen plötzlich warm oder steigen in Ihnen Bilder auf? In der Regel sind dies ernstzunehmende Hinweise Ihres Inneren, dass Sie mit dem Thema zu tun haben könnten.

WIE SIE IHRE LAGE BESSER EINSCHÄTZEN KÖNNEN

Bevor Sie sich den Merkmalen der Hochsensibilität widmen, stellen Sie sich bitte folgende Fragen. Sie helfen Ihnen, Ihre Veranlagung selbst besser einschätzen zu können.

- Welche Umstände oder Hinweise lassen mich eine Hochsensibilität bei mir vermuten?
- In welchen Situationen scheine ich anders als andere zu reagieren oder zu empfinden?

- Wie agiere und reagiere ich und was empfinde ich dann?
- Höre ich oder habe ich früher öfter zu hören bekommen: „Stell dich nicht so an!", „Du bist aber eine Mimose!" oder „Was du so alles siehst/hörst/fühlst!"?
- Was war meine Reaktion damals und welche Reaktionsmuster kenne ich auch heute noch?
- Empfinde ich mich selbst als „anders"?
- Wie stehe ich zu meinem möglichen Anderssein?

Sie haben eine erhöhte Wahrnehmungsfähigkeit

Dies ist das zentrale Merkmal der Hochsensibilität und eine spezielle Gabe. Sie nehmen deutlich feinere Details und Nuancen wahr als die meisten Ihrer Mitmenschen (Geräusche, Gerüche, Licht, Stimmungen, Schwingungen, Energien, Berührungen, Temperaturen). Sie haben zusätzlich ein gutes Gespür für „Kleinigkeiten" (neuer Haarschnitt, fehlende Pflanze, geringfügige Variationen). Das alles kann sehr schön und bereichernd sein, aber in unseren von Informationen überfluten Zeiten wird diese Gabe durch Überreizung schnell zum Fluch.

Hilfe: Lernen Sie, vor allem alltägliche und unscheinbare Quellen der Überreizung ausfindig zu machen (Radio im Büro, das Surren von Glühbirnen oder Rechnern, zugiger Arbeitsplatz, übervolle Wände oder überquellende Regale, Unordnung u. v. m.).

Schauen Sie, was Sie selbst davon verändern können (Regal aufräumen, Glühbirne wechseln, Rechner umstellen oder abschirmen). Klären Sie, was möglicherweise von einer anderen Person verändert werden kann und wer Sie im konkreten Fall unterstützen könnte. Generell ist es hilfreich, den Umgang mit Überreizung genauer zu betrachten, da häufig die Tücke im Detail steckt – bzw. in der gewohnten Alltäglichkeit.

Sie lassen sich leicht ablenken und haben schneller Konzentrationsprobleme

Das hochsensible Nervensystem verfügt über eine geringere Hemmschwelle bei der Aufnahme von Informationen. Das heißt, weniger Dinge werden als unwichtig aussortiert. Die Folge ist: ein Rascheln, ein Zucken in der Mimik des Gegenübers, kleine Details am Rande des Blickfelds – das alles wird (wenn auch überwiegend unbewusst) wahrgenommen und lenkt im Zweifelsfall von der momentanen Tätigkeit ab.

Hilfe: Reduzieren Sie, wo immer Sie können, äußere und innere Reize. An meinem Arbeitsplatz blicke ich beispielsweise auf eine belebte Straße. Die permanente Bewegung vorbeifahrender Autos lenkt mich häufiger ab, so dass ich mich umsetze, um weiter konzentriert arbeiten zu können. Überlegen Sie, auf welche Weise Sie störende äußere Reize verringern können: Schreibtisch-Stellwände, spezielle Geräuschfilter-Ohrstöpsel, Ordnung schaffen, lieber Schränke als Regale aufstellen (glatte Flächen beruhigen das Auge).

Innere Reize können Sie beispielsweise durch Schlaf, Entspannung, Meditation, Lesen, Spazierengehen oder andere beruhigende Tätigkeiten reduzieren.

Sie sind schneller oder häufiger als andere erschöpft

Ihr Gehirn und Nervensystem läuft durch den ständigen Informationsdurchfluss dauerhaft auf Hochtouren. Das fordert seinen Tribut in Form von Müdigkeit, Konzentrationsproblemen, Erschöpfung oder Schwäche. Es ist die „Kehrseite“ Ihrer reichhaltigen und vielfältigen Wahrnehmungsfähigkeit.

Hilfe: Sorgen Sie für ausreichend Erholung. Das kann der Mittagsschlaf, der kleine Spaziergang im Stadtpark, das Lesen eines Buches, eine kurze Meditation, Sport oder das Gespräch mit Ihrem Tier sein. Auf welche Weise Sie am besten auftanken und Ihr neuronales System wieder entspannen, finden Sie heraus, indem Sie verschiedene Dinge ausprobieren. Sie werden spüren, was zu Ihnen passt. Was nicht wirklich Ihres ist, wird Sie auch nicht entspannen oder Ihnen Kraft geben!

Sorgen Sie darüber hinaus für einen Alltag, der Sie nicht ständig an die Grenze Ihrer Kapazitäten bringt, oder planen Sie mehr freie Zeit ein (einen Abend, ein Wochenende allein), wenn dies nicht zu vermeiden ist. Und lernen Sie, Nein zu sagen. Sie müssen nicht an jeder Unternehmung Ihrer Familie oder Freunde teilnehmen, und Sie müssen auch nicht die Person sein, die stets das Protokoll schreibt oder die unliebsamen Aufgaben übernimmt. Aber auch das will in unserer aktivitätsorientierten Gesellschaft gelernt und akzeptiert sein. Überprüfen Sie auch Ihren Arbeitsstil und -rhythmus. Wenn sie nicht Ihrem inneren Wesen entsprechen, kann das auf Dauer äußerst kräftezehrend sein.

Was nicht wirklich Ihres ist, wird Sie auch nicht entspannen oder Ihnen Kraft geben!

Sie neigen leicht zu (innerer) Unruhe und Hektik

Eine Reaktion Ihres hochsensiblen Systems kann Unruhe und Hektik sein. Das System läuft auf Hochtouren, ist überlastet und weiß nicht, was es zuerst „bearbeiten“ soll. Dies ist immer ein Zeichen dafür, dass Sie aus Ihrer eigenen Mitte, aus Ihrer Zentrierung geraten sind.

Hilfe: Halten Sie so bald wie möglich inne, sammeln Sie sich, atmen Sie durch und machen Sie wenn möglich zentrierende Körper- oder

Meditationsübungen. Überprüfen Sie Ihr Arbeitspensum und reduzieren Sie es bzw. geben Sie Aufgaben ab, soweit dies möglich ist. Das Aufbürden von zu viel Verantwortung oder zu vielen Aufgaben ist ein typisches Problem Hochsensibler (später erfahren Sie mehr dazu).

ZENTRIERUNGSÜBUNG

Ziehen Sie für diese Übung Ihre Schuhe aus. Stellen Sie sich aufrecht hin. Nehmen Sie sich dann einen Moment Zeit, um Ihren Atemfluss zu verfolgen und Ihren Körper in der Senkrechten zu spüren.

Beginnen Sie dann ganz sachte, mit dem ganzen Körper vor- und zurückzupendeln. Starten Sie mit sehr kleinen Bewegungen, die Sie ganz allmählich größer und größer werden lassen. Achten Sie darauf, dass bei Ihrem Vor- und Zurückschwingen immer beide Füße komplett am Boden bleiben und Sie auch nicht aus dem Gleichgewicht geraten.

Wenn Sie das Maximum der für Sie möglichen Vor- und Zurückbewegungen erreicht haben, lassen Sie das Pendeln wieder kleiner und kleiner werden, bis sich Ihr Körper auf Ihre individuell empfundene Mitte zwischen vorne und hinten eingependelt hat.

Verweilen Sie einen kurzen Moment in dieser Mitte, bevor Sie dann den gleichen Ablauf in einem seitlichen Pendeln zwischen rechts und links beginnen. Sie werden spüren, dass die Bewegungsspanne hier nicht so groß ist, das muss sie aber auch nicht sein. Wenn die Bewegung in der größten Spanne angelangt ist, lassen Sie sie wieder kleiner und kleiner werden, bis Sie in der Mitte zwischen links und rechts zum Stillstand kommen.

Nehmen Sie sich nun noch einen abschließenden Moment, um zu spüren, wie es sich anfühlt, wenn Ihr Körper sich genau in der Mitte zwischen vorne und hinten, zwischen links und rechts befindet und in der Senkrechten Himmel und Erde verbindet. Das ist Ihre momentane Mitte.

Sie sind sehr sensibel

Sie nehmen mehr Informationen „zwischen den Zeilen“ wahr. Menschen, denen diese Informationen nicht im gleichen Maße zugänglich sind, streiten Ihre Wahrnehmungen möglicherweise auch ab. Dies kann Sie in einen Konflikt mit der Person oder mit sich selbst bringen: „Stimmt meine Wahrnehmung?“ Vertrauen Sie Ihrer Wahrnehmung!

> Alles, worin Sie sich schlecht bewerten, wird Sie auf Dauer belasten und Ihnen Ihre Energie rauben.

Hilfe: Pflegen Sie Kontakte mit anderen Hochsensiblen, um zu erfahren, ob andere Menschen Ihres Schlages die gleichen oder ähnliche Wahrnehmungen haben und wie sie damit umgehen. Seien Sie sich dieser Gabe bewusst und überprüfen Sie Ihre eigene Haltung dazu. Sollten Sie diese Fähigkeit negativ bewerten, beginnen Sie sie umzuwerten. Nehmen Sie einen Imagewandel vor! Denn alles, worin Sie sich schlecht bewerten, wird Sie auf Dauer belasten und Ihnen Ihre Energie rauben.

Sie mögen keine (plötzlichen) Veränderungen

Veränderungen bedeuten für das wahrnehmende und verarbeitende System Mehrarbeit. Neue Reize müssen aufgenommen, neue Informationen mit Vorwissen abgeglichen werden. „Neu“ kann hier schon die gleiche Situation, aber einen anderen Tag bedeuten. Durch das Vermeiden von Veränderungen schützt sich Ihr System unbewusst vor Reizüberflutung.

Hilfe: Dieser Schutz vor Überstimulation ist für Ihr hochsensibles System eine gesunde Reaktion. Allerdings kann er im Alltag allzu leicht Ihre Komfortzone und Ihren Aktionsradius einengen: Aus Sorge vor Überreizung werden herausfordernde und unangenehme Situationen zu oft vermieden. Langfristig ist diese Haltung kontraproduktiv. Üben Sie daher in kleinen Situationen, emotional in Bewegung zu bleiben: Fahren Sie morgen einen anderen Weg zur Arbeit, verändern Sie einen Tagesablauf, gestalten Sie kleine Alltagsrituale hin und wieder um und kehren Sie dann wieder zu ihnen zurück. Spüren Sie den Unterschied zwischen *vor* und *nach* der Veränderung. Wahrscheinlich werden Sie sich nach der Veränderung etwas leichter fühlen und vor der nächsten Veränderung nicht mehr ganz so besorgt sein. Seien Sie mutig und üben Sie immer wieder am Rande Ihres individuellen Wohlfühlbereichs!

Sie haben ein reges Innenleben und eine intensive Phantasie

Auch dieses Merkmal gehört zu den Schätzen der Hochsensibilität. Sie machen sich viele Gedanken um etwas, denken und fühlen vor und nach, entwerfen Visionen oder tüfteln im Geiste an Lösungen. Daraus ergeben sich häufig auch gut durchdachte Ergebnisse, innovative Konzepte oder kreative Lösungen. Wenn die innere Gedanken- und Empfindungswelt sich jedoch beginnt im Kreis zu drehen und aus dem Nachdenken ein Grübeln geworden ist, sollten Sie etwas daran ändern.

Hilfe: Unterbrechen Sie das Grübeln, indem Sie zum Beispiel aufstehen, sich bewegen, in die Küche gehen oder einen kleinen Spaziergang unternehmen. Lenken Sie Ihre Gedanken oder Empfindungen vorübergehend auf etwas anderes, unterhalten Sie sich mit einer Nachbarin oder einem Kollegen. Grübeln ist eine Art innerer Krampf, ein Feststecken in einem Problem, das in diesem Moment oder aus der aktuellen Lage heraus nicht gelöst werden kann. Verändern Sie die „Lage“, löst sich meist die Verkrampfung, und die Gedanken und Empfindungen kommen wieder in eine konstruktive Bewegung.

> Verändern Sie die „Lage“, kommen die Gedanken und Empfindungen wieder in eine konstruktive Bewegung.

Sie haben eine gute Intuition

Auch dies gehört zu den hochsensiblen Soft Skills. Die Fähigkeit, viele Feinheiten wahrzunehmen, sorgt für eine starke Intuition. Sie spüren schnell, häufig auch nur halb bewusst: „So muss es sein, so ist es stimmig!“ oder „Das geht auf diese Weise gar nicht, ich kann nur noch nicht erklären, warum.“ Gerade wenn Sie sich Ihrer intuitiven Wahrnehmung selbst noch nicht sicher sind, droht die Gefahr, dass andere Menschen, die Ihre Empfindung nicht verstehen oder annehmen können, Sie verunsichern und Sie Ihre intuitiven Eindrücke in Zweifel stellen. Dies kann nicht nur zu Missverständnissen oder Konflikten führen, sondern auch zu starken Selbstzweifeln.

Hilfe: Vertrauen Sie Ihrer Intuition! Aber überprüfen Sie sie auch. Andere Hochsensible haben mir in Gesprächen häufig erzählt, dass sich ihre Intuition oftmals erst Tage später bewahrheitet hat. Haben Sie daher Geduld mit Ihren Mitmenschen und seien Sie achtsam, wann Sie wem von Ihren Wahrnehmungen und Eindrücken berichten.

Sie sind multitalentiert

Dies tritt nicht bei allen Hochsensiblen zutage, aber es gibt einige unter ihnen, die diese Fähigkeiten aufweisen. Die jeweiligen Talente müssen sich nicht immer im beruflichen Kontext zeigen, jedoch fällt es diesen Menschen häufig leicht, etwas Neues zu erlernen und es darin schnell zu einer gewissen Kunstfertigkeit zu bringen. Zwei Gefahren können hierbei drohen: 1. Sie verzetteln sich schnell. 2. In Ihrem Umfeld machen sich Neider bemerkbar.

Hilfe: Zu Punkt 1: Erstellen Sie eine Prioritätenliste und erlauben Sie sich parallel dazu, in selbst festgelegten Zeiträumen Ihre Talente „tanzen zu lassen“. Immer nur nach Prioritäten zu arbeiten, würde Ihre Kreativität und Arbeitsfreude auf Dauer einengen.

Zu Punkt 2: Meiden Sie Neider, wenn es weder Sie, die Situation noch die andere Person verletzt. Wenn dies nicht möglich oder sinnvoll ist, suchen Sie nach einer Möglichkeit für ein klärendes Gespräch, um das Gefühl des Neides bei Ihrem Gegenüber zu verstehen und zu besänftigen. Meist steht hinter dem Neid ein eigenes verletztes Bedürfnis, beispielsweise nicht mit den eigenen Fähigkeiten gesehen worden zu sein.

Sie haben ein geringes Selbstwertgefühl

Dies ist leider bei vielen hochsensiblen Menschen anzutreffen. Meiner Einschätzung nach liegt die Ursache in der frühkindlichen Erfahrung, so, wie man ist – nämlich anders als andere, hochsensibel – nicht erkannt und akzeptiert worden zu sein. Die fehlende positive Identifikationsfläche lässt das eigene Selbstbewusstsein auf Dauer wanken und, wenn es schlimm kommt, auch zerbrechen. Ein mangelnder Selbstwert jedoch beeinflusst sämtliche Lebensbereiche, auch die Arbeit. Vielen Menschen ist nicht bewusst, dass ihre Schwierigkeiten im Arbeitsleben möglicherweise von ihrem angeschlagenen Selbstwertgefühl herrühren. So kommt es zu Konflikten, Projektionen und Verletzungen, die sich auf sachlicher Ebene jedoch letztlich nicht klären lassen.

Hilfe: Spüren Sie nach, wie es um Ihren Selbstwert bestellt ist. Es ist kein Manko, einen angeknacksten Selbstwert zu haben. Heutzutage leiden viele Menschen darunter. Problematisch wird es nur, wenn es nicht erkannt wird und die alten Verletzungen Ihnen heute das Leben und die Kontakte zu Ihren Mitmenschen erschweren. Tauschen Sie sich mit anderen Hochsensiblen darüber aus und suchen Sie Selbsthilfegruppen oder auch professionelle therapeutische Hilfe auf, wenn Sie merken, dass Ihre frühkindlichen Verletzungen Ihren heutigen Lebensfluss blockieren.

Merkmale im Beruf

Sie neigen zu Perfektionismus

Perfektionismus ist ein zweischneidiges Schwert: Einerseits motiviert er, ganz gleich auf welchem Gebiet und in welchem Umfang, Höchstleistungen zu erbringen. Andererseits hemmt er möglicherweise Ihr Handeln, da es (nie) perfekt genug ist.

Hilfe: Lernen Sie, auch kleine Schritte wertzuschätzen und Fehler als Lern-Wegweiser zu tolerieren, und üben Sie sich – durch Meditation oder Entspannung – in Gelassenheit und innerer Distanz zu Ihrem eigenen inneren Antreiber.

Sie mögen keinen Smalltalk

Smalltalk ist die leichte, oberflächliche Form, rasch mit anderen Menschen in Kontakt zu kommen. Das liegt den meisten Hochsensiblen nicht. Sie schießen gerne direkt auf das Ziel bzw. das intensive Gesprächsthema zu, denn sie genießen den intensiven und komplexen Austausch.

Hilfe: Akzeptieren Sie als Erstes Ihre andere Art der Kommunikation! Finden Sie im zweiten Schritt heraus, wie viel leichte Kommunikation für Sie im jeweiligen Moment möglich ist. Dies kann von Situation zu Situation variieren. Halten Sie bewusst Ausschau nach Menschen, die ähnlich wie Sie kommunizieren. Wenn Sie gerade keine finden, testen Sie aus, ob Sie vielleicht doch Kolleginnen und Kollegen für Ihr Thema interessieren können. Wenn alles nichts fruchtet, gönnen Sie sich eine ruhige Zeit mit sich allein in dem Bewusstsein, sich selbst etwas Gutes zu tun und Ihrem feinfühligen System etwas Ruhe zu gönnen. Das können zum Beispiel auch kurze Momente mit einem weiten Blick aus dem Fenster sein.

Sie kommunizieren und handeln gerne komplex und vielschichtig

Ihre neuronalen Strukturen sind auf eine hohe Aufnahme und intensive Verarbeitung von Informationen ausgerichtet. Es fällt Ihnen nicht nur leicht, schnell und tief in die Materie einzudringen, sondern es ist Ihnen auch ein grundlegendes Bedürfnis. Entsprechend sind Sie gerne bereit, komplexe Sachverhalte zu bearbeiten und sich schnell und tiefgründig mit Themen auseinanderzusetzen. Da Sie als hochsensibler Mensch in der Gesellschaft mit nur etwa 15 bis 20 Prozent vertreten sind, ist davon auszugehen, dass die meisten Ihrer Kolleginnen und Kollegen normalsensibel sind und sich mit einem derartig intensiven Kommunikations- und Arbeitsstil häufig unwohl fühlen. Wenn Ihre Kollegen nicht um Ihre Hochsensibilität wissen, droht die Gefahr, dass Sie schnell ins Abseits geraten.

Hilfe: Auch wenn es Sie in den Fingern juckt: Seien Sie achtsam, wann, mit wem und in welchen Situationen Sie Ihren Tiefgang kommunizieren. Möglicherweise schaffen Sie spezielle Settings dafür, wie zum Beispiel eine themenspezifische Gesprächsrunde, einen Vortrag mit anschließender Diskussion oder ein Vier-Augen-Gespräch, je nachdem, um was es sich inhaltlich handelt. Darüber hinaus seien Sie aufmerksam, wer in Ihrem Kollegenkreis möglicherweise ebenso kommuniziert oder arbeitet, und suchen Sie den Kontakt zu Gleichartigen – wenn nicht in Ihrem Arbeitsfeld, dann außerhalb Ihres Betriebs. Denn es ist für Sie und Ihre Identität als hochsensibler Mensch wichtig, sich auch in Ihrer Kommunikations- und Arbeitsform verstanden zu fühlen.

Sie beobachten erst und handeln dann

Auch diese Verhaltensweise ist der hochsensiblen Veranlagung zuzuschreiben. Jede Situation ist neu – denn es ist nicht dieselbe. Daher müssen alle Komponenten einer Situation auch wieder neu betrachtet, bewertet und eingeschätzt werden. Erst dann, wenn Ihr „System“ eine Auswertung vorgenommen hat, kommen Sie ins Handeln. Das kann manchmal etwas dauern und verwirrt andere Menschen, die diesen Prozess weniger intensiv durchlaufen.

Hilfe: Sie können den Beobachtungs- und Auswertungsprozess ein wenig abkürzen, indem Sie sich im Vorfeld gedanklich auf die kommende Situation vorbereiten. Wie wird es dort aussehen (falls Sie den Ort bereits kennen)? Wer wird voraussichtlich dort sein? Was wird dort geschehen oder was wird von Ihnen erwartet? Sollte dies nicht gehen, weil Sie eine unbekannte Situation erwartet, dann üben Sie sich darin, sich selbst und Ihre achtsame Art des Umgangs mit neuen Situationen wertzuschätzen. Sie erlangen durch Ihr achtsames Verhalten Informationen, die anderen nicht in dieser Form zur Verfügung stehen, wie zum Beispiel das Erfassen von Stimmungen oder komplexen Beziehungen innerhalb einer Gruppe.

Sie sind kooperativ, arbeiten aber auch gerne alleine

Als hochsensibler Mensch liegt Ihnen das harmonische Miteinander vermutlich mehr als der konfrontative Disput – Ausnahmen bestätigen auch hier die Regel. Aufgrund Ihrer Veranlagung haben Sie die Fähigkeit, schnell einen guten Überblick zu gewinnen, verschiedene Standpunkte griffig auf den Punkt zu bringen, mit Ihrem auf Harmonie ausgerichteten Wesen für Ausgleich im Team zu sorgen oder mit Ihrem innovativen Denken den Ideenpool zu bereichern. All das sind wertvolle Soft Skills in der Gruppe. Allerdings mag Sie die permanente Arbeit im Team überreizen. Daher ist ein Wechsel zwischen Team- und Einzelarbeit für Sie vorteilhaft.

Hilfe: Klären Sie für sich, welche Arbeitsweise Ihnen hauptsächlich liegt. Wenn Sie beides mögen, halten Sie in Ihren Arbeitsabläufen oder -inhalten nach Möglichkeiten Ausschau, wie Sie sowohl allein als auch mit Kollegen zusammenarbeiten können. Dies muss nicht immer generell geregelt werden, sondern es können auch spontane oder situationsbedingte Variationen sein. Wenn Sie diese Wechsel für sich einrichten, werden Sie spüren, dass Sie zufriedener am Arbeitsplatz werden.

Sie übernehmen gerne Verantwortung

Viele Hochsensible übernehmen schnell und gerne Verantwortung. Das ist eine wunderbare Fähigkeit, die vermutlich dem Umstand zuzuschreiben ist, dass die detaillierte Wahrnehmung viele Informationen zur Verfügung stellt und somit für einen guten Überblick und ein gutes Erfassen von Zusammenhängen sorgt. Dies wiederum sind gute Voraussetzungen, um verantwortungsvoll zu handeln. Sie erkennen rasch, wo was in welcher Form vonnöten ist.

Für Hochsensible droht schnell die Gefahr, zu viel Verantwortung zu übernehmen.

Allerdings droht für Hochsensible schnell die Gefahr, zu viel Verantwortung zu übernehmen. Auch die Neigung der Mitmenschen, dem meist hilfsbereiten Feinfühligen noch mehr Verantwortung aufzubürden, ist nicht zu unterschätzen: „Sie machen das doch immer so wunderbar!“

Hilfe: Achten Sie auf Ihre körperlichen Stopp-Signale. Genießen Sie Ihre Verantwortlichkeiten, wo es zu Ihnen passt, aber sorgen Sie dafür, dass Sie nicht zu viel übernehmen. Delegieren Sie, wenn es für Sie zu viel wird oder üben Sie sich in Ihrem „Nein“. Klären Sie ebenfalls Ihre eigene Motivation zur Verantwortungsbereitschaft: Schließlich streichelt es ja auch das Ego, von anderen gebraucht zu werden.

Sie arbeiten gerne qualitativ hochwertig

Zumindest, wenn Ihnen die Arbeit zusagt. Viele Hochsensible haben ein ausgeprägtes Gespür für Qualität und fühlen sich mit nachlässigen Ergebnissen sehr unwohl. Sollten jedoch belastende Arbeitsbedingungen vorliegen oder die Arbeit inhaltlich nicht zu Ihnen passen, kann dieses Bedürfnis durchaus auch unerfüllt bleiben. Langfristig sorgt ein solcher Zustand für wachsende Unzufriedenheit mit den entsprechenden Begleiterscheinungen wie Stress, Erschöpfung, vermehrten Konflikten oder auch psychosomatischen Erkrankungen.

Hilfe: Ihr Qualitätsempfinden werden Sie als hochsensibler Mensch nur schwerlich reduzieren können. Sorgen Sie daher möglichst für die zu Ihnen passenden Arbeitsbedingungen und -inhalte. Dies beginnt bereits bei der Berufswahl, jedoch ist zu diesem frühen Zeitpunkt vielen Hochsensiblen noch nicht abschließend klar, mit welchen Inhalten sie sich gerne befassen oder welche Arbeitsfelder für sie im Sinne der eigenen Berufung die richtigen sind. Befinden Sie sich daher in einer qualitativ unbefriedigenden und unstimmigen Arbeitssituation, ist der erste Schritt die Klärung, ob der Beruf, den Sie derzeit ausüben, der richtige ist. Denn der passende Beruf und das befriedigende Empfinden beruflicher Qualität hängen häufig zusammen. Ist es nicht „Ihr" Beruf, sollten Sie sich auf den Weg zu Ihrer Berufung begeben, denn langfristig wird nichts anderes Sie zufriedenstellen bzw. erfüllen.

Ist es bereits der richtige Beruf, aber die Rahmenbedingungen belasten oder unterfordern Sie, gilt es, diese Bedingungen Schritt für Schritt zu überprüfen und nach Alternativen zu suchen. Vielleicht benötigen Sie mehr Verantwortung oder eine Erweiterung oder Spezifizierung Ihrer Arbeitsinhalte. Manchmal hilft auch der erweiterte Blick auf das Ganze, um die Relationen des eigenen Arbeitsbereichs und die damit zusammenhängende Qualität im Kontext des Gesamten zu erkennen: Ich habe viele Jahre Percussionunterricht gegeben und Gruppen angeleitet. Häufig haben wir auf Straßenveranstaltungen gespielt. Im Übungsraum ist mir jede kleine Unstimmigkeit aufgefallen, und ich versuchte, sie zu beheben. Habe ich jedoch der spielenden Gruppe draußen auf der Straße aus einem gewissen Abstand zugehört, war ich häufig überrascht, wie gut alles zusammenklang.

Letztlich kann es aber auch hilfreich sein, Ihre Hochsensibilität und das damit verbundene größere Qualitätsbewusstsein anzusprechen. Auf diese Weise können Sie Ihren Vorgesetzten oder Kollegen auch die Vorzüge Ihrer Arbeitsweise darlegen.

Sie erkennen schnell Unstimmigkeiten

Unstimmigkeiten können zwischenmenschlicher, aber auch inhaltlicher Natur sein. Sie nehmen etwas in einer Feinheit und in Nuancen wahr, das sich Ihren normalsensiblen Kolleginnen und Kollegen (noch) nicht erschließt. Da ist es nur natürlich, dass die anderen Ihre Wahrnehmungen in Frage stellen – das ist bedauerlich, aber nachvollziehbar. Solange Ihre Kollegen, Vorgesetzten und Ihre Firma nicht über Ihre speziellen Gaben informiert sind, kann dieser Umstand immer wieder zu Unmut im Team führen.

Hilfe: Der Umgang mit einem solchen Konflikt hängt von Ihren Möglichkeiten ab, offen mit Ihrer Veranlagung umzugehen. Falls dies möglich ist und in Ihrer Firma Ihre hochsensiblen Fähigkeiten bekannt sind, können Sie im Falle unterschiedlicher Wahrnehmungen auf Ihre Veranlagung verweisen und darum bitten, dass Ihre Hinweise berücksichtigt werden. Ist Ihre Hochsensibilität nicht bekannt und gibt es auch keine Möglichkeit, das Thema in einem wohlwollenden Klima einzubringen, notieren Sie sich Ihre Hinweise mit Datumsangabe, so dass Sie an späterer Stelle darauf verweisen können, dass Sie die Hinweise bereits am Tag X eingebracht hatten. Nicht selten schmücken sich sonst andere Kollegen mit Ihren Erkenntnissen.

Manchmal ist das Arbeitsklima aber auch so verhärtet, dass auch dieses Verfahren nicht möglich ist. Dann sollten Sie sich genau überlegen, wie viel Sie von Ihrer Disposition preisgeben. Distanz und eine gewisse Zurückhaltung zu wahren, kann Sie schützen, um nicht selbst durch ein mögliches ablehnendes Verhalten der anderen verletzt zu werden. Zusätzlich sollten Sie sich darüber klar werden, ob diese Arbeitsstelle mittel- und langfristig die richtige für Sie ist.

Sie fühlen Fehler mehr, als dass Sie sie suchen, finden aber auch schnell das Haar in der Suppe

Auch dies ist eine hochsensible Gabe, ein Soft Skill, das gerade im beruflichen Kontext sehr wertvoll ist. Sie bemerken Fehler, ohne sich bewusst darauf zu konzentrieren. Ihr neuronales System fühlt sich durch die gestörte Harmonie irritiert. Bei einer gezielten Fehlersuche ist diese Kompetenz klar von Vorteil, in alltäglichen Situationen neigen Sie jedoch im ungünstigen Fall oder bei anhaltender Unstimmigkeit schneller zu Unzufriedenheit, Mäkeln oder Nörgelei. Dies bringt Sie unter Umständen bei Ihren Kollegen in Misskredit, obwohl die Ursache Ihrer Unzufriedenheit durchaus ihre Berechtigung haben kann.

Hilfe: Lernen Sie, auf Dinge hinzuweisen oder sie auf eine Weise anzusprechen, die weder Ihr Gegenüber unter Druck setzt noch Sie schlecht dastehen lässt. Oft fühlen Menschen sich gemaßregelt oder meinen, es mit „Besserwissern“ zu tun zu haben, wenn ihnen jemand etwas sagt, das sie selbst noch nicht erkannt oder bedacht haben. Dies führt

Lernen Sie, auf Dinge so hinzuweisen, dass es Ihr Gegenüber nicht unter Druck setzt.

unweigerlich zu Konflikten. Wählen Sie daher achtsame Worte oder stellen Sie eher Fragen, als dass Sie „Behauptungen" aufstellen, z. B. „Ich habe den Eindruck, dass ...", „Ich bin mir nicht sicher, ob ...", „Geht es Ihnen ebenso? Wie sehen Sie das?" Das lässt Ihrem Gegenüber Spielraum, sich in seinem Tempo und auf seine Weise mit dem Thema auseinanderzusetzen.

Sie haben eine gute Voraussicht

In den heutigen Zeiten kurzlebiger Entscheidungen ist eine solche Gabe Gold wert – sollten wir zumindest meinen. Aber oft erzählen mir hochsensible Menschen vom Gegenteil. Langfristige, auf Bestand und Qualität basierende Planungen haben in den letzten Jahrzehnten an Wert verloren.

Hilfe: Langsam wendet sich das Blatt. So kann es auch für Sie von Vorteil sein, wenn Sie über diese Fähigkeit verfügen und diese im beruflichen Kontext einbringen.

WIE BEWERTEN SIE SICH?

Überprüfen Sie, welche Merkmale Ihnen vertraut sind und wie Sie sie bewerten. Können Sie akzeptieren, dass Sie mehr Pausen benötigen, oder halten Sie sich für (zu) wenig belastbar? Schätzen Sie Ihre achtsame Haltung neuen Situationen gegenüber oder verlangen Sie von sich mehr Dynamik und Lebenstempo?

Die Art und Weise, wie Sie Ihre Wesenszüge bewerten, prägt Ihr Selbstbild. Wenn Sie damit nicht zufrieden sind, sollten Sie herausfinden, was und warum Ihnen etwas missfällt, und es ändern!

Diese Merkmale bilden eine Auswahl der typischsten hochsensiblen Wesenszüge und Fähigkeiten. Wie bei allen Typisierungen trifft selten nur ein Merkmal oder eine Kategorie zu, ebenso wie es nur wenige Menschen gibt, auf die alle Merkmale zutreffen. In der Regel vereinen wir in uns eine Mischung. Schauen Sie auch bei den nun folgenden fünf sensorischen Typen, von welcher Gruppe Sie sich am meisten angesprochen fühlen.

Die fünf sensorischen Typen

Hochsensibilität zeichnet sich insbesondere durch empfindsamere sensorische Prozesse aus: mehr sehen, mehr riechen, mehr hören, mehr fühlen, mehr schmecken. Gerade in der modernen Literatur zum Thema Hochbegabung mehren sich die Hinweise, dass einer Hochbegabung offensichtlich das gleiche empfindsame sensorische Verarbeitungssystem zugrunde liegt, das auch Hochsensible zeigen. James T. Webb, amerikanischer Psychologe und Psychiater, zeigt in seinem Buch „Doppeldiagnosen und Fehldiagnosen bei Hochbegabung“ die Verknüpfung beider Phänomene anhand von spezifischen Ausdrucksformen und Alltagsproblemen Hochbegabter auf. Die These, wie sie auch schon Andrea Brackmann in ihrem Buch „Jenseits der Norm – hochbegabt und hoch sensibel?“ erörtert hat, lautet: Der Hochbegabung liegt eine Hochsensibilität zugrunde. Dieser Ansatz ist durchaus vielversprechend, erklärt er doch einige Schwierigkeiten hochbegabter Menschen, aber auch verblüffende Parallelen beider Veranlagungen. In seinem Buch stellt Webb die fünf von dem polnischen Psychologen und Psychiater Kazinierz Dabrowski entwickelten sensorischen Typen vor.

An dieser Stelle noch ein Wort zu den Begrifflichkeiten: Dabrowski und Webb sprechen von der sogenannten erhöhten Sensitivität oder

Hochsensitivität. Damit ist nach meiner Kenntnis nichts anderes als die Hochsensibilität gemeint. Beide Begriffe werden häufig synonym verwendet. Hochsensitivität wäre sprachlich tatsächlich die korrekte Bezeichnung, da es sich bei dem Phänomen Hochsensibilität um die Veranlagung zu einer erhöhten sensorischen Wahrnehmungsfähigkeit handelt. Seit den Arbeiten von Elaine N. Aron hat sich im deutschsprachigen Raum jedoch der Begriff Hochsensibilität etabliert.

Es gibt manche Autorinnen und Autoren, die in diese beiden Begrifflichkeiten unterschiedliche Inhalte legen, aber meiner Meinung nach führt das leicht zu Verwirrung. Als einen hilfreichen Ansatz, die Unterschiedlichkeit Hochsensibler zu verstehen, empfinde ich Dabrowskis Typenunterscheidungen.

Hochsensitivität und Hochsensibilität meinen meist dasselbe.

1. Intellektuelle Sensitivität

Generell: geistig äußerst rege, Neigung zu theoretischem und unabhängigem Denken, liebt Denksportaufgaben, neugierig, stellt viele Fragen, möchte sich Wissen aneignen, die Dinge verstehen und ergründen, Probleme lösen, liest schon als Kind gern und viel, scharfer Beobachter, befasst sich häufig mit moralischen Fragen und Gerechtigkeit
Bei Anspannung: geistige Blockaden, verstärkter Rückzug, Selbstzweifel

2. Imaginäre Sensitivität

Generell: Vorliebe für komplexe imaginäre Abläufe, die oft dramatisch in Szene gesetzt werden, große Vorstellungskraft, ausschweifende Fantasie, Tagträume, dramatische Wahrnehmungen, Verwendung von Metaphern, Kinder neigen zur Vermengung von Fiktion und Realität

Bei Anspannung: überhöhte Dramatik, aggressiv-impulsive Reaktionen, sich schnell verletzt fühlen

3. Emotionale Sensitivität

Generell: Macht sich viele Gedanken über das Wohlergehen anderer, schnell besorgt, reagiert intensiv auf die Umwelt, starke emotionale Verbundenheit mit Menschen, Tieren, Dingen und Orten, intensive Gefühlsäußerungen, starker Weltschmerz, als Erwachsener häufig sozial engagiert, idealistisch, setzt sich gerne für andere ein
Bei Anspannung: Neigung zum Burnout, als Kind stärkere Trotz- oder Wutanfälle, wenn der eigene Wille durchgesetzt werden will

4. Sensorische Sensitivität

Generell: Sinneswahrnehmungen sind deutlich stärker ausgeprägt, Weigerung, bestimmte Stoffe zu tragen, schnell von sensorischen Reizen überflutet (flackernde Neonröhre, rauschender Rechner, Geruch des Kopierers etc.), hohe Empfindsamkeit für Kunst, Sprache oder Essen, kann über sensorischen Genüssen die Welt vergessen
Bei Anspannung: schnellere Überreizung, rasche und vehemente Ablehnung der überstimulierenden Menschen, Dinge oder Situationen

5. Psychomotorische Sensitivität

Generell: gesteigerte neuromuskuläre (Nerven und Muskeln betreffende) Erregbarkeit, übermäßig aktiv und energiegeladen, bewegt sich um der Bewegung willen, schnell begeisterungsfähig, großes Bedürfnis nach Aktivität, spricht schnell und intensiv
Bei Anspannung: zwanghaftes Reden, impulsives Handeln, schlechtes Benehmen, ausagierend, nervöse Angewohnheiten

Teilen Sie sich den richtigen Kollegen mit

Die detaillierte Wahrnehmung Hochsensibler kann auch im Umgang mit Kolleginnen, Kollegen, Kunden, Vorgesetzten und anderen Menschen zu Irritationen oder Konflikten führen. Sie riechen beispielsweise früher als andere die unangenehmen Gerüche der Imbissbude unterhalb Ihres Büros. Wenn Sie darüber eine Bemerkung fallen lassen, wissen Ihre Kollegen vielleicht gar nicht, wovon Sie reden. Es ist nicht verwunderlich, dass eine solche Situation Kommunikationsprobleme nach sich ziehen kann.

Wenn Sie sich vor Augen führen, dass derartige Situationen Tag für Tag, Woche für Woche, Monat für Monat vielfach auftreten, addieren sich viele kleine Momente auf, in denen Sie etwas wahrnehmen, das von Ihren Mitmenschen nicht geteilt wird. Aus der kleinen Verwunderung seitens Ihrer Kolleginnen oder Kollegen wird dann rasch Irritation, Abwehr oder gar Ablehnung Ihrer Person. Eine häufige Frage an dieser Stelle lautet: Wie können Sie Ihre feineren und intensiveren Wahrnehmungen anderen gegenüber kommunizieren?

Bevor Sie sich jedoch dieser Frage widmen, bitte ich Sie, sich darüber klarzuwerden, ob Sie überhaupt darüber sprechen wollen. Nicht immer ist es förderlich, griesgrämigen, abwertenden oder verschlossenen Menschen Ihr Innerstes zu offenbaren. Sie würden sich möglicherweise durch deren Reaktion verletzen lassen. Das muss nicht sein. Wählen Sie daher genau aus, wann Sie wem und wie viel über sich mitteilen.

Werden Sie sich darüber klar, ob Sie überhaupt über Ihre Hochsensibilität sprechen wollen.

Wenn Sie sich dafür entscheiden, andere Menschen über Ihre Veranlagung in Kenntnis zu setzen, sehen Sie sich häufig einer schwierigen Aufgabe gegenüber. Wie können Sie einem Blinden die Landschaft erklären, die er noch nie gesehen hat? Wie einem Tauben die Musik nahebringen, die er noch nie gehört hat? Ich möchte damit nicht zum Ausdruck bringen, dass Normalsensible blind oder taub seien. Vielmehr ist es ihnen schlicht nicht möglich, die feinsten Wahrnehmungen hochsensibler Menschen in der gleichen Geschwindigkeit und Intensität zu registrieren. Häufig erzählen mir Hochsensible im Coaching, dass sie bestimmte Schwierigkeiten kommen sahen, aber die Kollegen bemerkten diese noch nicht einmal im Ansatz und wollten – logischerweise – von den Warnungen und Hinweisen nichts wissen. Stattdessen behandelten sie den hochsensiblen Kollegen eher abfällig, frei nach dem Motto: „Du spinnst ja! Hörst wieder die Flöhe husten."

EIN BILD SAGT MEHR ALS TAUSEND WORTE

Wie können Sie etwas vermitteln, das Ihr Gegenüber in der Form nicht kennt? Suchen Sie nach Analogien und Bildern! Damit sprechen Sie die rechte Gehirnhälfte an. Diese ist deutlich stärker in der Lage, sich Vorstellungen von etwas zu machen, das als faktische Information (noch) nicht im Ganzen erfasst werden kann. Auch die Entstehung und Verarbeitung von Analogien geschieht in der rechten Gehirnhälfte. Nicht ohne Grund sagt man ja auch: Ein Bild sagt mehr als tausend Worte. Die linke Gehirnhälfte hingegen wird stärker vom Verstand dominiert und befasst sich vorzugsweise mit Fakten. Etwas überspitzt ausgedrückt würde die linke Seite also sagen: „Sehe ich nicht – gibt's also nicht!"

Bilder zum Erklären

Hier gebe ich Ihnen einige Bilder und Analogien zur Anregung, wie Sie für andere das Phänomen der Hochsensibilität darstellen könnten.

Hochsensibilität ist wie ...

- Stellen Sie sich vor, Sie gehen einkaufen. Vor der Haustür treffen Sie Ihre Nachbarin mit dem gleichen Vorhaben. Sie gehen jedoch in unterschiedliche Geschäfte. Kurze Zeit darauf treffen Sie sich wieder vor der Haustür und stellen fest, während Sie fünf Einkauftaschen jonglieren, hat Ihre Nachbarin oder Ihr Nachbar lediglich eine Tüte mit Esswaren. Nun haben Sie beide die gleichen zwei Aufgaben:
  A) Räume Sie innerhalb von fünf Minuten Ihren Einkauf weg.
  B) Gestalten Sie aus Ihren eingekauften Waren (nur daraus!) ein Menü.
  Zu Aufgabe A) Den Inhalt Ihrer fünf Tüten innerhalb von fünf Minuten wegzuräumen dürfte Ihnen Stress bereiten. Sie müssen sich beeilen, geraten unter Druck, und schlechte Laune macht sich breit. Diese Aufgabe entspricht der Aufnahme und Verarbeitung sensorischer Reize bei Hochsensiblen. Ihre Nachbarin wird dieses Problem nicht haben. Für das Verstauen der einen Tüte sind bei ihr die fünf Minuten völlig ausreichend. Dies entspricht der Reizaufnahme bei normalsensiblen Menschen.
  Zu Aufgabe B) Sie haben durch Ihren reichhaltigen Einkauf sicherlich mehr Gestaltungsmöglichkeiten für Ihr Menü als Ihre Nachbarin. Dies ist die positive Seite der Veranlagung. Allerdings sind häufiger auftretende Entscheidungsschwierigkeiten leider auch die Kehrseite davon.

- Stellen Sie sich vor, Sie haben vier Gläser mit farbigem Wasser: gelb, grün, blau und rot. Das rote Wasser entspricht der Veranlagung der Hochsensibilität, die anderen Wassergläser symbolisieren andere Wesensmerkmale eines Menschen. Nun entnehmen Sie mit einer Pipette etwas von dem roten Wasser und geben ein paar Tropfen davon – also hochsensible Anteile – in das gelbe, das blaue und das grüne Wasser. Das gelbe Wasser – z. B. die Art und Weise, sein Arbeitsfeld zu organisieren – ist immer noch gelb, aber irgendwie ein bisschen anders gefärbt. Das heißt, die Form der Organisation verändert sich etwas durch die darin wirkende Hochsensibilität. Ebenso verhält es sich mit dem grünen und dem blauen Wasser. Je nachdem wie viele Tropfen rotes Wasser sich in einem anderen Wasserglas befinden, umso intensiver verändert sich die Gesamtfärbung.

Reizüberflutung ist wie ...

- ... ein Duschstrahl, der Ihnen nicht einen angenehmen warmen Schauer bringt, sondern sich wie viele kleine Nadelstiche anfühlt.
- ... eine Denksportaufgabe im Trubel eines großen, überfüllten Platzes lösen, auf dem Sie permanent angerempelt, angesprochen und abgelenkt werden.
- ... Sandpapier im Genick, dort, wo sich das Markenschildchen in der Kleidung befindet.

Dies sind nur wenige Beispiele, wie Sie Hochsensibilität und Reizüberflutung anderen Menschen bildhaft nahebringen können. Und es sind meine Bilder. Sie können Sie sehr gerne verwenden, aber achten Sie darauf, ob Sie zu Ihnen passen. Falls nicht, öffnen Sie sich für Ihre eigenen inneren Bilder, mit denen Sie sich wohlfühlen und die Ihre innere Verbundenheit zu diesem Thema noch besser ausdrücken.

Ein weiterer Weg, anderen Menschen Hochsensibilität nahezubringen, ist die Einladung zur Toleranz. Damit tun sich viele Menschen schwer, eben aus der Schwierigkeit heraus, Dinge nicht annehmen zu können, die sie selbst nicht kennen oder erfahren haben. Womit wir wieder bei dem Versuch wären, über Analogien und Bilder das Unbekannte zu erklären. Manchmal fehlt Ihnen jedoch das passende Bild, oder Ihr Gegenüber versteht es einfach nicht. Dann bleibt wirklich nur die Bitte, zu tolerieren und anzunehmen, was Sie sagen oder empfinden.

Schaffen Sie sich Ihre eigenen Bilder, um anderen Menschen Hochsensibilität und Reizüberflutung bildhaft nahezubringen!

Bereits als Jugendliche kam ich offensichtlich in einen tieferen Wandlungsprozess. Ich begann mich zu hinterfragen und zu verändern.
In dieser Zeit tauchte ein Satz in meinem Inneren auf, den ich nie wieder vergessen und an den ich mich seither versucht habe zu halten: Wenn ich nicht das Gegenteil beweisen oder erklären kann, dann lasse ich das, was mir die oder der andere mitteilt, erst einmal so stehen.

AUSSERFACHLICHE KOMPETENZEN ZÄHLEN

Die wichtigsten Soft Skills

Soft Skills – das Zauberwort im Berufsleben? Inzwischen ist dieser Begriff, wenn es um Kompetenzen, Qualifikationen und Fähigkeiten von Bewerbern und Mitarbeitern geht, nicht mehr wegzudenken. Warum ist das so? Weil es immer mehr Berufstätige mit vergleichbaren fachlichen Qualifikationen (den sogenannten Hard Skills) gibt. Für Lehrer reicht es nicht mehr, den Unterrichtsstoff gut vermitteln zu können, sondern sie benötigen zunehmend soziale Fähigkeiten, um mit dem anspruchsvollen „Sozialraum Schulklasse" umgehen zu können. Auch ist es für Mitarbeiter in der Verwaltung oder Organisation nicht mehr ausreichend, sich in ihrem Fachgebiet gut auszukennen, auch sie brauchen verschiedene methodische, persönliche und soziale Kompetenzen, um den gewachsenen Ansprüchen an Kundenbetreuung oder Effizienz gerecht zu werden.

Aber was sind Soft Skills überhaupt und welche brauche ich? Wann brauche ich sie wofür? Woran erkenne ich, ob ich sie besitze und ob sie ausreichend sind? Und was tue ich, wenn mir Soft Skills für einen Beruf oder eine Situation, die ich meistern möchte, scheinbar fehlen? Für Hochsensible ergeben sich darüber hinaus noch zwei weitere Fragen:

1. Auf welche Weise kann ich mit meinen typisch hochsensiblen Soft Skills im Beruf punkten?
2. Wie gehe ich mit Situationen um, in denen eben diese spezifischen Kompetenzen zwar sinnvoll wären, aber nicht erwünscht sind?

Auf diese Fragen gehe ich später ein, vorab möchte ich jedoch klären, was Soft Skills überhaupt sind.

Soft Skills beschreiben Eigenschaften einer Person und sind außerfachliche oder fachübergreifende Kompetenzen, das heißt, Fähigkeiten, die nicht direkt zur Ausübung der inhaltlichen Aufgaben dienen. Die Fähigkeit, eine Mauer wirklich gerade hochzuziehen oder einen Computer fachgerecht zu zerlegen und wieder zusammenzusetzen, sind sogenannte Hard Skills, fachliche Kompetenzen. Um in einer Teamsitzung die verschiedenen Beiträge zusammenzufassen und auf den Punkt zu bringen oder in turbulenten Arbeitsphasen den Überblick zu behalten, sind Soft Skills wie eine strukturierte Arbeitsweise oder Belastbarkeit sehr hilfreich. Soft Skills stehen oftmals miteinander in Wechselwirkung und dienen Ihnen bei der besseren Gestaltung beruflicher und persönlicher Situationen.

Soft Skills beschreiben Eigenschaften einer Person und sind außerfachliche oder fachübergreifende Kompetenzen.

Fertigkeit, Fähigkeit und Persönlichkeitseigenschaft

Bei der Frage, was Soft Skills eigentlich sind, sollten wir uns zuvor mit den Begriffen Persönlichkeitseigenschaften, Fähigkeiten und Fertigkeiten befassen. Ich möchte die Bezeichnungen kurz umreißen, um danach die verschiedenen Soft Skills und ihre jeweilige Dynamik besser erläutern und zuordnen zu können.

Persönlichkeitseigenschaften

Persönlichkeitseigenschaften sind relativ stabile und über die Zeit andauernde Verhaltensweisen, Eigenschaften und Neigungen, die ein Mensch in der Bewältigung unterschiedlicher Lebensaufgaben zeigt. Intro- oder Extroversion wären beispielsweise solche Persönlichkeitseigenschaften.

Fähigkeiten

Fähigkeiten können sowohl angeborene Begabungen und Talente als auch erlernte Fähigkeiten – dann nennen wir sie Fertigkeiten – sein.

Fertigkeiten

Fertigkeiten sind all die Kompetenzen, die wir uns aufgrund eines entsprechenden Lernprozesses im Laufe des Lebens angeeignet haben.

Das Verhalten, erst innezuhalten und zu beobachten und dann erst zu handeln, ist bei hochsensiblen Menschen Teil ihrer Veranlagung, also ein Persönlichkeitsmerkmal. Hochsensible müssen dies nicht erst erlernen, sie tun es von sich aus. Die persönlichen und sozialen Kompetenzen, die damit in Verbindung stehen, sind zum Beispiel Achtsamkeit und die Fähigkeit, einen Überblick zu gewinnen und Zusammenhänge zu erfassen.

Anders scheint es sich mit der Empathie zu verhalten. Sie wird in der Kindheit erlernt und ist abhängig vom sozialen Umfeld und von anderen Persönlichkeitsfaktoren. Allerdings wird Hochsensiblen häufig eine starke Empathiefähigkeit nachgesagt, was auf der Basis einer erhöhten Wahrnehmungsfähigkeit durchaus nachvollziehbar ist. Wer zum Beispiel kleine und kleinste Nuancen in der

Stimm- und Bewegungsvariation eines anderen Menschen wahrnehmen kann, erhält mehr Informationen über die Person und ihre Befindlichkeit und ist aller Wahrscheinlichkeit dadurch auch zu einer größeren Empathie fähig.

Es ist also nachvollziehbar, dass zumindest manche der sozialen oder persönlichen Kompetenzen sich möglicherweise einer Erlernbarkeit entziehen. Oder anders formuliert: Es mag Soft Skills geben, die manchen Menschen einfach „im Blut liegen". Und alles, was uns im Blut liegt, tun wir in der Regel gerne und gut.

In meiner beginnenden Pubertät war meine Mutter recht aktiv in Kultur und Politik unterwegs. Sie traf sich mit anderen Menschen, diskutierte, gründete Gruppen und Treffs und verbreitete eifrig und engagiert ihr Wissen und ihre Meinung. Dazu wurden hin und wieder auch Flugblätter – so hieß das damals – gedruckt. Nicht wie heutzutage auf großen Maschinen, sondern in Kleinstauflagen per Hand mit Wachsmatrizen. Mehrseitige Kopien mussten von Hand sortiert und geheftet werden. Diese einfache Aufgabe fiel häufig mir zu. Recht schnell fand ich Wege, die monotone Arbeit abzukürzen und zu rationalisieren. Ich wollte ja möglichst schnell damit fertig werden. Das gleiche Phänomen fiel mir in späteren Ferienjobs wieder auf, bei denen es auch um einfache Abläufe ging, die ich regelmäßig zu rationalisieren suchte. Mit der Zeit wurde ich immer so schnell, dass mich die regulären Mitarbeiter ermahnten, nicht so schnell zu arbeiten, weil ich damit sonst das allgemeine Arbeitstempo verschärfen würde. Diese Fähigkeit zur Rationalisierung hatte ich nirgendwo erlernt. Ich hatte sie – ohne, dass es mir bewusst war – in mir und wendete sie mit Leichtigkeit an.

Berufsrelevante Softskills

Die Gruppe der Soft Skills wird meist in drei Kategorien unterteilt: persönliche, soziale und methodische Kompetenzen. Um einen Eindruck zu gewinnen, welche Fähigkeiten zu den jeweiligen Kategorien gehören, finden Sie hier einige berufsrelevante Soft Skills.

Persönliche Kompetenzen

Die persönlichen Kompetenzen umfassen alle Fähigkeiten, die primär mit der eigenen Person zu tun haben, um unsere Arbeit im Beruf gut umzusetzen.

- Selbstvertrauen
- Selbstdisziplin
- Selbstreflexion
- Engagement
- Motivation
- Neugier
- Belastbarkeit und Stressresistenz
- Eigenverantwortung
- Eigeninitiative
- Leistungsbereitschaft
- Begeisterungsfähigkeit
- Zuverlässigkeit
- Flexibilität
- Vertrauenswürdigkeit
- Bereitschaft zum lebenslangen Lernen

Soft Skills werden meist in drei Kategorien unterteilt: persönliche, soziale und methodische Kompetenzen.

Soziale Kompetenzen

Das sind diejenigen Fähigkeiten, die Kommunikations- und Interaktionssituationen mit anderen Menschen oder Gruppen steuern und die wir effektiv für uns selbst gestalten.

- Teamfähigkeit
- Einfühlungsvermögen/Empathie
- Menschenkenntnis
- Kommunikationsfähigkeit
- Integrationsbereitschaft
- Kritik- und Konfliktfähigkeit
- Durchsetzungsvermögen
- Verantwortungsbereitschaft

Methodische Kompetenzen

Hier sind jene Fähigkeiten gemeint, die eine Person dazu befähigen, sich Wissen und fachliche Qualifikationen anzueignen und mit fachlichen Problemen umzugehen. Methodische Kompetenzen sind mitverantwortlich für das „Lernen des Lernens“. Inzwischen werden sie häufig nicht mehr als eigenständige Kategorie verstanden, sondern als Teil der anderen Kompetenzen. Ich führe sie an dieser Stelle dennoch separat auf, um die einzelnen Fähigkeiten zu verdeutlichen und in den Kontext der Hochsensibilität zu stellen.

- Organisationstalent
- analytische Fähigkeiten
- Problemlösungskompetenz
- Moderation
- Kreativitätstechniken
- Präsentationskompetenz
- strukturierte und zielorientierte Arbeitsweise
- Selbstmarketing

Selbstverständlich vereint nicht jeder Mensch bzw. niemand all die genannten Fähigkeiten und Persönlichkeitsmerkmale in sich, zumal es darüber hinaus selbstverständlich noch weitere gibt. Aber das ist auch nicht erforderlich, denn spezifische Berufsbilder bedürfen auch „lediglich“ spezifischer Kompetenzen.

Die spannenden Fragen lauten daher: Welche Fähigkeiten brauchen *Sie* konkret für *Ihren* Beruf oder Arbeitsplatz? Verfügen Sie über sie, und wenn nicht, wollen und können Sie sie sich aneignen? In vielen Bewerbungsratgebern wird die Klärung genau dieser Fragen stets empfohlen. Denn es kommt nicht auf die Quantität, sondern die Qualität Ihrer Soft Skills an.

> Es kommt nicht auf die Quantität, sondern die Qualität Ihrer Soft Skills an.

Im Hinblick auf Ihre beruflichen Qualifikationen als feinfühliger Mensch werde ich ab S. 72 einige der hier aufgelisteten Kompetenzen aus dem Blickwinkel der Hochsensibilität genauer beleuchten. Denn es ist ein Unterschied, ob Sie bereits von Haus aus, das heißt, auf der Basis Ihrer Veranlagung über bestimmte Soft Skills verfügen und in welcher Intensität diese Fähigkeiten ausgebildet sind bzw. zutage treten, oder ob Sie zusätzlich entsprechende Kompetenzen erlernen.

Wer über Soft Skills verfügt, ist im Vorteil

Unsere Berufswelt befindet sich seit Jahren im Wandel. Die wachsende Dienstleistungsgesellschaft und die globale Digitalisierung ist inzwischen alltägliche Realität. Das bedeutet, dass für die Bewältigung der veränderten Aufgaben neue persönliche und soziale Kompetenzen erforderlich sind, wie beispielsweise Flexibilität oder lebenslanges Lernen.

Gleichzeitig reicht es oftmals nicht mehr aus, nur einen Beruf erlernt zu haben oder nur einen Beruf allein auszuüben. Das verlangt von jedem Einzelnen neben viel Energie zusätzlich ein hohes Maß an Anpassung, Kreativität, Resilienz, Belastbarkeit und Selbstreflexion – allesamt Soft Skills! Aber nicht immer verfügt ein Mensch über die genau jetzt erforderlichen Kompetenzen im erforderlichen

Maße. Krisen und Zusammenbrüche sind vorprogrammiert. Die drei Fragen, die sich daher an dieser Stelle aufwerfen, lauten:

1. Brauchen Sie möglichst viele und gut ausgebildete Soft Skills, um eine Chance in der Arbeitswelt zu haben?
   Antwort: Nein! Das wäre so, als ob Sie möglichst viele Berufe erlernen würden, nur um möglichst viele fachliche Kniffe und Tricks für alle Fälle in der Hinterhand zu haben. Dies ist auf Dauer sehr anstrengend und führt nicht wirklich zum gewünschten Ziel. (Eine Ausnahme bildet das Multitalent, das in seiner Art jedoch auch ein Spezialist ist.)

2. Ist es möglicherweise sinnvoller, gezielt nur bestimmte Soft Skills zu fördern?
   Antwort: Ja und nein. Nein, weil es zuweilen auch notwendig ist, sich die Soft Skills anzueignen, die Ihnen allgemein einen guten Stand in der Arbeitswelt gewährleisten. Ja, weil es sinnvoll sein kann, sich in der Fülle der Kompetenzen zu spezialisieren – es sei denn, Sie wären ein Soft-Skill-Multitalent. Und ja, weil es von noch größerem Nutzen ist, wenn Sie Ihre ureigenen Soft Skills, die aus Ihrer Veranlagung entspringen, erkennen und favorisieren.

3. Welchen Vorteil hätte es, wenn die erforderlichen Kompetenzen nicht erst erlernt werden müssten, sondern per Veranlagung bereits vorhanden sind?
   Antwort: Dies wäre ein großer Vorteil, denn Sie sparen sich Arbeit, Kraft, Geld und Zeit und nutzen Kapazitäten, mit denen Sie zutiefst vertraut sind und die Sie authentisch nutzen können.

Wir alle kennen Menschen, von denen gesagt wird, dass sie von ihrer Art her ganz wunderbar zu diesem oder jenen Beruf passen. Das bedeutet, die Person trägt natürlicherweise die zum Beruf passenden Kompetenzen schon in sich. Wir alle haben bestimmte fachliche, aber auch soziale oder persönliche Fähigkeiten, die tief in uns verankert sind, die Teil unseres Wesens sind. Bevor ich mich jedoch der Frage widme, was in puncto Soft Skills nun der Unterschied zwischen den hochsensiblen und normalsensiblen Menschen ist, möchte ich noch einen weiteren Aspekt einwerfen, nämlich den des Arbeitstypus. Dieser prägt ebenfalls unsere Arbeitsweise und unser Arbeitsverhalten.

Hochsensibilität und Arbeitsstil

Schon immer liebte ich es, mich voll und ganz in eine Aufgabe zu stürzen – zumindest, wenn ich sie interessant und anregend genug fand, mich über viele Stunden und auch Tage hinweg damit zu befassen. Anschließend war ich für einige Tage völlig erschöpft und hing ausgelaugt in den Seilen. Meine Freunde sagten in den aktiven Phasen: „Du arbeitest zu viel!", in den Zeiten der Ruhe kam ich mir faul und nutzlos vor. Eine Zerrissenheit, mit der ich über viele Jahre und Jahrzehnte nicht zurechtkam.
Im Zuge der Entdeckung meiner eigenen Hochsensibilität jedoch stellte ich fest, dass es durchaus auch andere Menschen gibt, die ähnliche Arbeitszyklen bevorzugen, vor allem wenn es um sehr intensive Arbeitsphasen geht. Ich nenne diesen Arbeitsstil inzwischen den „Impuls-Arbeiter". Seit ich um diese Arbeitsdynamik bei mir weiß, bin ich wohlwollender mir und meinen aktiven und passiven Phasen gegenüber.

Ich möchte mit diesem Beispiel deutlich machen, dass zu einer beruflichen Zufriedenheit neben vielen anderen Komponenten – wie dem passenden Inhalt, einem angenehmen Klima in Raum und Team, der guten Zusammenarbeit mit Kollegen und Vorgesetzten –

auch das Wissen um den eigenen bevorzugten Arbeitsstil gehört. Täglich in der falschen Weise zu agieren oder handeln zu müssen, führt mittel- und langfristig zu einer enormen Belastung mit den entsprechenden Auswirkungen wie Desorientierung, Frustration, Verärgerung und mangelndem Selbstwertgefühl, bis hin zu körperlichen und psychischen Erkrankungen. Die Zeiten, in denen wir unsere Ressourcen – auch die menschlichen – ungeachtet ihrer Endlichkeit ausgenutzt und verschwendet haben, muss enden, wenn wir zukünftig ein erfüllendes und beglückendes Leben führen möchten. Dies gilt ebenso für jeden einzelnen Menschen im Umgang mit seinen eigenen Ressourcen und seiner eigenen Empfindsamkeit.

Damit es nicht zu sprachlichen Missverständnissen kommt, möchte ich eine Begriffsklärung des Wortes „Arbeitsstil“ voranstellen. Ein Arbeitsstil ist ein meist bereits in der Kindheit geprägtes Muster, auf welche Weise eine Person Aufgaben angeht und erledigt. Dieses Verhaltensschema wird in der Regel in seiner grundlegenden Form auch im Erwachsenenalter angewendet. Ihre Veranlagung zur Hochsensibilität als prägendes Element Ihres Wesens hat daher auch einen zentralen Einfluss auf Ihre Arbeitsweise. Hinzukommen noch erlernte Fertigkeiten. Somit ist der Arbeitsstil immer eine Summe aus persönlichen Wesenszügen, Kompetenzen sowie deren Erweiterung durch Lebenserfahrungen und erlernte Fähigkeiten.

Der Arbeitsstil ist eine Summe aus persönlichen Wesenszügen, Kompetenzen sowie deren Erweiterung durch Lebenserfahrungen und erlernte Fähigkeiten.

WIE MÖCHTE ICH ARBEITEN?

Um zu erkennen, in welcher Weise Sie heute gern arbeiten (möchten), ist es nötig, einen Blick in Ihre Vergangenheit zu werfen.

- Was haben Sie gerne getan und auf welche Weise?
- Haben Sie sich stundenlang in eine Tätigkeit vertieft oder haben Sie sich ständig neuen Dingen zugewandt?
- Mussten Sie sich viel bewegen oder waren Sie eine Lese- und Wissensratte?
- Haben Sie Ihren „Arbeitsstil", damals eher ein Lernstil, unterdrückt, weil er nicht erwünscht war, oder sind Sie schon immer unbeirrt Ihrem Wesen treu geblieben?

Spüren Sie diesen Fragen nach und erkunden Sie Ihren ursprünglichen Arbeitsstil.

Den eigenen Arbeitsstil herausfinden

Bevor ich Ihnen einige gängige Arbeitsstile vorstelle, widmen Sie sich einen Moment der Übung „Adjektiv-Insel“ (s. nächste Seite), bei der Sie diejenigen relevanten Adjektive finden, die für Ihre berufliche Situation oder Zukunft von Belang sind. Denn im Weiteren es geht darum, Ihren eigenen Arbeitsstil herauszuschälen, den Sie ohne größeren Aufwand und gegebenenfalls ohne weitere Soft-Skill-Trainings praktizieren können.

DIE ADJEKTIV-INSEL

Nehmen Sie sich ein möglichst großes Papier (wenn möglich DIN A3) und zeichnen Sie dort als Erstes in die Mitte Ihre Insel (erster Kreis). Um die Insel herum grenzen Sie den Bereich des Wassers ab (zweiter Kreis). Ein Stück weiter außen legen Sie die umschließende Gebirgskette oder das Riff fest (dritter Kreis).

Treffen Sie nun eine erste Auswahl der rechts aufgelisteten Adjektive, ganz gleich, ob Sie sie bereits in sich tragen oder sich nur wünschen, gern über sie zu verfügen. Achten Sie bitte auch darauf, sich nicht von etwaigen Notwendigkeiten oder Meinungen und Haltungen von Kollegen, Vorgesetzten, Freunden oder Ihrer Familie beeinflussen zu lassen. Die Übung ist in erster Linie nur für Sie!

Gehen Sie zügig und intuitiv vor. Die komplette Übung sollte nicht länger als zehn Minuten dauern. Wenn Ihnen wichtige Begriffe fehlen, können Sie sie gerne im dritten Kreis ergänzen. Inwieweit diese dann Einzug in den ersten Kreis erhalten, werden Sie am Ende der Übung feststellen können.

Schreiben Sie alle gewählten Begriffe in den äußeren, dritten Kreis. Nun wählen Sie aus den Adjektiven im dritten Kreis wiederum diejenigen maximal zwanzig aus, die Ihnen am wichtigsten sind, und schreiben diese in den zweiten Kreis. Mit dem letzten Schritt nehmen Sie nochmals eine Auswahl von maximal zehn Adjektiven aus dem zweiten Kreis vor und schreiben sie in den innersten Kreis.

Sie können die Übung auch gerne gemeinsam mit einer Person Ihres Vertrauens durchführen, aber achten Sie darauf, dass Sie sich erst *nach* Übung darüber austauschen. Gerade Hochsensible neigen dazu, viel Wert auf die Meinung der anderen zu legen und ihre eigenen Eindrücke nicht wichtig genug zu nehmen oder gar abzuwerten. Nehmen Sie sich und Ihre Empfindungen daher ernst, wählen Sie zuerst selbst aus und gehen Sie erst danach ins Gespräch und den Austausch.

Nun haben Sie die für Ihre berufliche Arbeitsweise zentralen Adjektive zusammengetragen. Schauen Sie, ob alle Adjektive auf Ihrer Insel auch diejenigen sind, die Sie in Ihrem Arbeitsalltag bereits nutzen, oder ob es einige dabei gibt, die Ihnen unvertraut sind oder die ungelebt ein Schattendasein fristen. Im weiteren Verlauf des Buches erfahren Sie, an welchem Punkt und in welcher Weise ein Erlernen neuer Kompetenzen für Sie als hochsensibler Mensch sinnvoll ist. Sie können diese Übung auch gern nach der Lektüre dieses Buches wiederholen und schauen, ob es inzwischen Veränderungen in Ihrer inneren Ausrichtung gibt.

achtsam	analytisch	begeisternd	belastbar
bedacht	durchdacht	dynamisch	effizient
eloquent/ sprachgewandt	emotional	empathisch	engagiert
ergebnis-orientiert	fantasievoll	flexibel	geradlinig
gewissenhaft	harmonisierend	ideenreich	individuell
intuitiv	kommunikativ	konsequent	kontinuierlich
kooperativ	kreativ	menschbezogen	nachhaltig
perfektionistisch	pragmatisch	professionell	provokant
realistisch	reflektiert	sachbezogen	selbstständig
spontan	strukturiert	systematisch	überlegt
verantwortungs-bewusst	visionär	vorausschauend	vorsichtig
wahrnehmend	zielorientiert	zupackend	zuverlässig

Die unterschiedlichen Arbeitsstile

Kommen wir nun zu den unterschiedlichen Arbeitsstilen. Es sind hier nicht alle aufgeführt, die existieren, aber die genannten sollten reichen, um Ihnen einen Eindruck der Unterschiedlichkeit und der Kompetenzen zu geben, die mit ihnen in Zusammenhang stehen. Wie auch bei den Merkmalen und den Soft Skills vermischen sich natürlich manche Typen oder andere sind in besonderer Weise vertreten. Lassen Sie sich daher wieder von Ihrem Gefühl und Ihren inneren Bildern leiten, welche Arbeitsstile Ihnen vertraut sind oder Ihnen besser liegen. Ihr Körper gibt Ihnen hier rasche und klare Signale wie beispielweise Magengrummeln, Luftanhalten, eintretenden Unmut oder auch Freude und Leichtigkeit. Allerdings gilt für Sie als hochsensibler Mensch besondere Achtsamkeit darin, ob die auftretende Bewertung des Arbeitsstils tatsächlich Ihre eigene Haltung oder die Ihrer Umwelt widerspiegelt.

Lassen Sie sich von Ihrem Gefühl und Ihren inneren Bildern leiten.

Um zu verdeutlichen, welche Kompetenzen mit welchem Arbeitsstil in Verbindung stehen können, füge ich jeweils die entsprechenden Soft Skills an.

Der Frühaufsteher oder die Lerche

Menschen lassen sich in Frühaufsteher (auch Lerche genannt) und Spätaufsteher (auch unter Eule bekannt) unterteilen. Der Frühaufsteher steht gerne zum Sonnenaufgang auf und ist bereits am frühen Morgen, wenn alle anderen noch schlafen, voller Elan und Tatendrang. Allerdings: So agil er am Morgen ist, so erschöpft und müde ist er bereits am Nachmittag und Abend. Nicht selten endet der Tag bei ihm auch schon um 19 oder 20 Uhr – dann, wenn die Eulen zur Hochform auflaufen.

Der Spätaufsteher oder die Eule

Die Eule schläft gern lang, in extremen Fällen auch schon mal bis mittags. Dafür dauert der Tag gern auch bis Mitternacht oder zwei Uhr nachts. Ihr produktives Hoch hat sie zwischen den späten Vormittags- und Nachtstunden. Diese unterschiedlichen Vorlieben wären kein Problem, wenn da nicht die zeitlichen Zwänge der Lebens- und Arbeitswelt wären: Kita und Schule beginnen spätestens um acht, das heißt, um sechs Uhr oder gar noch früher aufstehen. Manche Betriebe starten bereits um sechs Uhr mit ihren Arbeitszeiten. Ämter haben vorzugsweise vormittags und nur manchmal am Nachmittag geöffnet, so dass die meisten Menschen gezwungen sind, früh aufzustehen, auch die Eulen.

Soft-Skills: Der Schlafrhythmus als solcher birgt an sich noch keine spezifischen Soft Skills in sich. Vielmehr sorgt die passende oder unpassende Schlafgestaltung für die mehr oder weniger gute Entfaltung der beruflich und persönlich notwendigen Kompetenzen.

Unsere Lebensrhythmen sind hauptsächlich an die Lerchen angepasst. Zwar haben sie in unserer Berufswelt häufig weniger Probleme mit den Arbeitszeiten, aber in Universitätsstudien aus Spanien, Italien, England und anderen Ländern wurde festgestellt, dass die Eulen offenbar kreativer und erfolgreicher sind. Dies gilt jedoch sicher nur, wenn die Eulen auch zu ihren Zeiten schlafen und arbeiten. Übermüdung und unpassende Tagesabläufe führen in der Regel leider eher zum Gegenteil. Interessanterweise gibt es in einigen Ländern andere Rhythmen: In England, Schweden und Portugal beispielsweise beginnt die Schule erst um neun Uhr. In kreativen Berufsfeldern beginnt man immer mehr, den Arbeitnehmern die Möglichkeit variabler Arbeitszeiten einzuräumen.

Auch wenn sich die Schlafrhythmen im Verlauf eines Lebens verändern, ist die Neigung zur Eule oder Lerche doch angeboren und lässt sich nach neueren Erkenntnissen der Schlafforschung auch nicht abtrainieren. Wer also permanent zu früh aufsteht, hat mit Schlafmangel, chronischer Erschöpfung oder gar Depressionen zu kämpfen.

SCHLAF- UND AKTIVITÄTSRHYTHMEN ÜBERPRÜFEN

Überprüfen Sie Ihren Tagesablauf und Ihre Schlaf- und Aktivitätsrhythmen. Sollten Sie hier auf Diskrepanzen stoßen, schauen Sie, ob Sie Ihre Aktivitäten Ihrem Schlafzyklen anpassen können. Manche Betriebe bieten beispielsweise Gleitzeit oder Homeoffice an. Es mag für Ihren Organismus entspannender sein, lieber zu einer Ihnen angenehmen Zeit aufzustehen bzw. den Tag zu beenden, als vielleicht möglichst früh mit der Arbeit fertig zu sein.

Sollten Sie keinen zeitlichen Spielraum haben, aber unter den dauerhaft für Sie falschen Arbeitszeiten leiden, mag es sinnvoll sein, über einen Arbeitsplatzwechsel nachzudenken.

Der Organisator

Sie behalten den Überblick, denken an Termine und Geburtstagsgeschenke. Weil Sie scheinbar alles im Griff haben, verlassen sich die anderen gerne auf Sie.

Soft Skills: Die Fähigkeit, über Situationen und Aufgaben die Übersicht zu bewahren und mit einem organisatorischen Geschick zu erledigen, was erforderlich ist, spricht für ein gewisses Maß an Eigenverantwortung, Organisationstalent und auch Verantwortungsbereitschaft bei Ihnen.

Der Chaot

Im ersten Moment mag dieser Arbeitsstil wenig effektiv und arbeitgeberfreundlich klingen. Wer lässt sich schon gerne Chaot nennen! Vergesslichkeit, Absprachen falsch verstehen oder fehlerhaft abgeheftete Unterlagen können die Zusammenarbeit tatsächlich ziemlich erschweren. Aber wenn Ihre Kollegen hinter dieses Chaos blicken, entdecken sie häufig einen hoch kreativen, intuitiven oder stark emotionalen Menschen. Die Denk- und Handlungsstrukturen des Chaoten verlaufen fast konträr zum Organisator, der sich stark auf die Realität bezieht. Der Chaot lebt von den Inspirationen und Empfindungen, die ihn nicht selten zu ungewöhnlichen Ideen und Lösungen führen.

Soft Skills: Hier bedarf es solcher Soft Skills wie Kreativität, Einfühlungsvermögen, Neugier oder Flexibilität.

Der Aufschieber

Sie brauchen Druck, um in Fahrt zu kommen? Solange nach hinten noch Luft ist, schieben Sie auch nach hinten? Dann haben Sie möglicherweise einen aufschiebenden Arbeitsstil. Wenn Sie dann allerdings unter massivem Druck schnell noch die Präsentation anfertigen oder den Bericht verfassen müssen, wachsen Sie über sich hinaus und arbeiten zielstrebig, hoch konzentriert und präzise mit meist gutem Ergebnis. In ihrem Buch „Jenseits der Norm – hochbegabt und hoch sensibel?“ empfiehlt die Psychologin Andrea Brackmann Hochbegabten diese Arbeitsweise, denn mit zu viel Vorlauf würden sie sich nur verzetteln und in der Vielfalt der Möglichkeiten und qualitativen Variationen aufreiben.

Soft Skills: Um diesen Arbeitsstil zuverlässig anzuwenden, braucht man die Fähigkeit, sich sehr gut konzentrieren zu können, wenn es darauf ankommt. Weitere Soft Skills wären eine strukturierte Arbeitsweise, Belastbarkeit und Selbstdisziplin – zumindest in der produktiven Phase.

Der Hyperaktive

„Time is money" – dieser Ausspruch könnte von einem hyperaktiven Menschen kreiert worden sein. Ständig in Bewegung, ständig aktiv, immer etwas zu tun, selbst dort, wo es eigentlich mal gerade nichts zu tun gäbe. Allerdings bekommen Sie, falls Sie zum hyperaktiven Typ gehören, durch Ihre ständige Umtriebigkeit auch viel von der Firma und Ihrem Team mit und sind immer wieder eine besonders inspirierende Informationsquelle für die anderen.

Soft Skills: In diesem Arbeitsstil sind Ihnen die Fähigkeiten der Kommunikationsfähigkeit, Neugier, Eigeninitiative und Leistungsbereitschaft wahrscheinlich selbstverständlich.

Der Empfindliche

Alles spüren, alles wahrnehmen, bereits von kleinen Unannehmlichkeiten schnell aus der Ruhe gebracht – das hört sich sehr nach einer hochsensiblen Person an. In einem Team aus sehr unterschiedlichen Kollegen bekommen Sie als empfindsamer Typ jedoch meist deren Unzufriedenheit zu spüren, da diese sich durch Ihre Empfindsamkeit in ihrem Bewegungsfreiraum gestört fühlen. Denn Sie merken durchaus an, dass es zieht, zu kalt oder zu warm ist, Sie sich durch die ständigen Telefonate oder Gespräche Ihrer Kollegen nicht konzentrieren können oder die Stimmung im Team Sie belastet.

Allerdings mag manchen Ihrer Kollegen leider auch Ihre besondere Feinfühligkeit für die qualitativen Feinheiten und Unterschiede in der Arbeit entgehen, sei es visuell, akustisch oder in anderen Sinnesbereichen. Wenn Ihnen etwa in Excel-Tabellen kleinste Unstimmigkeiten in den Berechnungen mit Leichtigkeit auffallen, sind Sie ein Gewinn für jede Firma in Ihrer Branche.

Soft Skills: Neben einer ausgeprägten Kreativität, einer meist hohen Verantwortungsbereitschaft sowie Motivation ist die starke Wahrnehmungsfähigkeit eine zentrale Kompetenz Ihres Arbeitstyps.

Der Perfektionist

Brauchen Sie das Gefühl, dass alles an Ihrem Werk stimmt, dass es rund und gut, nein, dass es perfekt ist? Sehen Sie den Millimeter, den das Bild schief hängt, schreiben Sie Ihr Referat fünfmal um, bevor Sie zufrieden sind, und sind Sie bei der kleinsten Schliere auf dem geputzten Fenster zutiefst frustriert? Dann sind Sie vermutlich ein Perfektionist. Sie arbeiten in der Regel nicht so schnell wie der Hyperaktive oder der Organisator, dafür aber umso gründlicher, und können sich in Ihrem Perfektionismus schon auch mal ins Detail verrennen. Darauf verlassen sich Ihre Kollegen ab und zu gern, falls sie nicht unleidlich oder neidisch werden.

Soft Skills: Was Sie als Perfektionist vermutlich ganz selbstverständlich nutzen, sind Selbstdisziplin, zielorientierte Arbeitsweise, Ihr Perfektionsempfinden und Engagement.

Hochsensibilität und Soft Skills

Nun haben Sie einiges über klassische Soft Skills und berufliche Arbeitsweisen erfahren. Vielleicht haben Sie sich an manchen Stellen wiedererkannt, aber vielleicht haben Sie auch bemerkt: „Ja, das kenne ich, aber so bin ich nicht! Ich ticke irgendwie anders." Sorgen Sie sich nicht! Genau mit diesem Unterschied befasst sich dieses Buch.

Hochsensible Menschen zeigen sich in vielen Bereichen und auf viele Weisen genauso wie Normalsensible, sind sie doch auch Menschen und folgen den gleichen emotionalen und psychischen Gesetzmäßigkeiten und Bedürfnissen wie alle anderen auch. Dennoch gibt es Unterschiede, die im alltäglichen Umgang für Verunsicherung, Frustration oder Verletzungen sorgen. Die Ursachen hierfür zu verstehen und die Unterschiede nicht zu verteufeln, sondern die dahinterliegenden Qualitäten zu erkennen ist das Ziel, das ich mit diesem Buch erreichen möchte.

> Hochsensible Menschen zeigen sich in vielen Bereichen genauso wie Normalsensible.

Beginnen wir auch hier damit, die Soft Skills genauer zu betrachten. Auf S. 28 haben Sie verschiedene Merkmale hochsensibler Menschen kennengelernt. Aus diesen spezifischen Wesenszügen und Bedürfnissen ergeben sich konsequenterweise auch spezifische Soft Skills.

Die Fragen, die ich nun verfolgen möchte, lauten: Bringen Hochsensible aufgrund ihrer Veranlagung automatisch mehr dieser spezifischen Kompetenzen mit und können sie sich dadurch in der Arbeitswelt besser bewegen oder gar behaupten? Oder tragen sie andere, für unsere heutige Arbeitswelt weniger relevante Kompetenzen in sich? Bringen sie gar Fähigkeiten mit, die in unserer zukünftigen Berufslandschaft von Bedeutung sein werden? Dieser letzten

Frage werde ich ab S. 143 nachgehen. Lassen Sie uns zunächst überlegen, welche typischen sozialen und persönlichen Stärken mit hochsensiblen Menschen in Verbindung gebracht werden können.

Typische Soft Skills

Gibt es tatsächlich ausschließlich der Hochsensibilität zuzuschreibende Soft Skills? Nein, nicht wirklich. Das einzige Merkmal, das meines Erachtens diese Kategorisierung verdient, ist die Gabe zur hohen Reiz- und Informationsaufnahme. Denn dieses Merkmal bildet den grundlegenden Unterschied zwischen Normal- und Hochsensiblen. Alle weiteren Fähigkeiten und Wesenszüge können als Folgeerscheinungen verstanden werden. Allerdings zeigen diese sich ebenfalls deutlich intensiver und sind dadurch quantitativ wie qualitativ von den Soft Skills normalsensibler Menschen verschieden.

GEMEINSAM GEHT ES AM BESTEN

Ich möchte betonen, dass es mir bei Unterscheidungen zwischen normal- und hochsensiblen Menschen in keiner Weise um qualitative Unterschiede geht! Beide Gruppen haben im sozialen Gefüge oder in einem Team ihren berechtigten Platz. Nur wenn Plätze falsch besetzt sind, kann das zu spezifischen Defiziten im Gruppenergebnis führen.

So kann man zum Beispiel feststellen, dass Führungskräfte leider nicht immer über die nötige Vorausschau, Empathie oder den Blick für das große Ganze verfügen. Dies kann gravierende Auswirkungen auf alle Bereiche einer Firma, wie unsensible Mitarbeiterführung, schlechte Produktqualität oder nicht funktionierende Planungen haben. Wollte man allerdings zentrale Aufgaben nur den Hochsensiblen überlassen, könnte risikofreudige Initiative, schnelle Handlungskompetenz oder Mut zu Veränderungen und Neuerungen zu kurz kommen. Hier bringt uns wie immer die gute Mischung weiter.

Welches sind nun die Soft Skills, über die feinfühlige Menschen wesensbedingt in einem höheren Maße verfügen?

Der Blick für Details

Der Blick für Details ist die zentrale Fähigkeit feinfühliger Menschen, die sie aufgrund ihrer hochsensiblen Veranlagung haben. Neben der Tatsache, dass sie dadurch viele Informationen, vor allem sensorische und emotionale, aufnehmen, ergibt sich aus dieser Gabe fast naturgemäß ein gutes Gespür für Feinheiten und Nuancen, die anderen nicht oder erst (viel) später auffallen. Wird für eine Stelle jemand benötigt, der über eine solch ausgeprägte Wahrnehmung verfügt, ist es sinnvoll, nach Hochsensiblen Ausschau zu halten. Die Berufe des Sensorikers und Parfümeurs beispielsweise scheinen für Hochsensible geradezu maßgeschneidert, wenn der Geruchs- und Geschmackssinn stark ausgeprägt sind. Aber auch in allen Bereichen, in denen direkt mit Menschen gearbeitet wird, in denen es um hohe Präzision und Komplexität geht oder Innovation und Kreativität gefordert werden, sind Hochsensible aufgrund ihrer Detailwahrnehmung am richtigen Platz.

Hochsensible haben eine hohe Detailwahrnehmung.

Das Aufdecken von Fehlern

Dies ist ein „Nebenprodukt" der hohen Informationsaufnahme. Fehler sind ja nichts anderes als ungewünschte Variationen – und somit ein Detail, das Normalsensible durchaus leichter übersehen können. Dies ist kein Manko der Normalsensiblen, sondern vielmehr eine natürliche Fähigkeit feinfühliger Menschen. Die Berliner Firma Auticon etwa stellt nur Autisten ein, die in der Regel auch über ein hochsensibles System verfügen. Sie erklärt es damit, dass diese Fehler nicht suchen, sondern einfach finden. Für den Beruf des Controllers zum Beispiel scheinen feinfühlige Menschen genau die richtigen

Kompetenzen mitzubringen: einen geschärften Blick für Details, Unstimmigkeiten und Fehler, einen guten Umgang mit komplexen Strukturen, Innovationsgeist und Kreativität.

Perfektionsempfinden

Perfektionsempfinden ist für viele Hochsensible ebenfalls ein inneres Bedürfnis, und nicht nur dann, wenn sie sich mit Themen befassen, die sie selbst interessieren. Es scheint, dass ein unperfekter Zustand das innere System regelrecht in Unruhe versetzt. Hängt das Bild an der Wand schief, kehrt bei Feinfühligen erst dann wieder innere Ruhe ein, wenn das Bild wieder gerade gerückt wurde. Dies mag möglicherweise mit dem ausgeprägten Bedürfnis nach Harmonie in Verbindung stehen. Das „Bedürfnis" nach Perfektion scheint häufig mehr einem Drang als einem Bemühen zu entspringen. Im Übermaß ausgelebt mag das unangenehme Begleiterscheinungen mit sich bringen, zunächst aber handelt es sich um eine durchaus positive Kompetenz.

Qualitätsstreben

Es ist die logische Konsequenz aus der Kombination, viele Details wahrzunehmen und Ergebnisse am inneren Perfektionsempfinden auszurichten. Daher können hochsensible Menschen zuweilen auch strenge Kritiker sein, wenn eine Sache oder Situation nicht ihrem inneren Empfinden entspricht.

Hohe Kreativität und ausgeprägter Innovationsgeist

Diese ergeben sich ebenfalls meist durch die Vielzahl der aufgenommenen Informationen. Wo viel ist, kann viel kreiert werden. Zusätzlich arbeitet das Gehirn Hochsensibler verstärkt assoziativ, das heißt, es vernetzt verschiedene Dinge miteinander. Dadurch ergeben sich viele Quergedanken und ungewöhnliche (Lösungs-)Ideen.

Komplexes Denken und Handeln

Komplexes Denken und Handeln spiegelt die grundlegende Arbeitsweise des hochsensiblen Verarbeitungssystems wider. Die neuronale Gehirnstruktur Feinfühliger ist von Haus aus dafür ausgestattet, viele Reize und Information aufzunehmen und zu nutzen. Daraus ergibt sich die so typische komplexe Art im Denken und Handeln. Das Einfache wird „übersehen“, weil der Fokus auf das Komplexe gerichtet ist.

Die komplexe Kommunikationsfähigkeit

Diese Eigenschaft hochsensibler Menschen führt dazu, dass sie Small Talk selten mögen, aber in intensiven und gehaltvollen Gesprächen aufblühen. Small Talk bietet dem tiefgründigen Wesen zu wenig „Futter“, wie ich es gern nenne, und typische Reaktionen können Langeweile, Rückzug und Desinteresse sein. Die Kommunikationsfähigkeit Hochsensibler lässt sie einerseits Sachverhalte umfassend und tiefgründig ausdrücken und andererseits eigene Bedürfnisse oder Grenzen im Kontakt mit Kollegen oder Vorgesetzten formulieren – auch wenn dieser zweite Aspekt für einige Hochsensible schwieriger ist (warum das so ist, erfahren Sie im nächsten Abschnitt).

Engagement

Engagement bringen Hochsensible häufig besonders dort mit, wo sie sich inhaltlich und menschlich gut aufgehoben fühlen. Mir fällt immer wieder auf, dass sie eher zu viel als zu wenig für ihre Arbeit tun, dass sie gern, entsprechend ihrem Perfektionsempfinden, die Dinge ganz genau machen und anderen auch schon mal Arbeit abnehmen oder einspringen, wenn sie Not am Mann bemerken. Bei zu großem Einsatz folgt allerdings die Gefahr des Burnout auf dem Fuße.

Verantwortungsbereitschaft

Verantwortungsbereitschaft zeigen die meisten Hochsensiblen verstärkt. Ich kenne von Hochsensiblen kaum die Haltung: „Ach, das geht mich nichts an!“ oder „Nicht so schlimm, wenn's klemmt. Ist nachher sowieso nicht mehr meine Sache.“ Dies steht meines Erachtens in Verbindung mit der erhöhten Informationsverarbeitung bzw. ihrer guten Über- und Voraussicht. Hochsensible wissen und spüren, was logische Konsequenzen sein können, daher fällt es ihnen schwer, wegzuschauen. Wie ein Scanner nehmen sie eher unbewusst alles wahr, nehmen es auf, bemerken es. Aber häufig werden sie nicht ernst genommen, wenn sie auf Unstimmigkeiten oder Gefahren hinweisen, die andere (noch) nicht wahrnehmen – leider ein in der Arbeitswelt verbreiteter Konflikt für Hochsensible.

WENN IHRE VORSCHLÄGE IGNORIERT WERDEN

Wenn Sie Situationen kennen, in denen Ihre Hinweise oder Warnungen nicht ernst genommen werden, machen Sie sich dazu Notizen: Was und wo haben Sie etwas bemerkt, was war Ihr Vorschlag, wie war die Reaktion Ihrer Kollegen oder Vorgesetzten? Dies dient dazu, später, wenn die entsprechende Situation eintritt oder Ihre Kollegen oder Vorgesetzten plötzlich Ihre Vorschläge als eigene Errungenschaften anpreisen, dies zu be- oder widerlegen. Nicht selten hatte ein hochsensibler Mensch eine gute Idee, und die anderen haben sie verkauft.

Die verschiedenartige Wahrnehmung ist den unterschiedlichen Dispositionen geschuldet und lässt sich nicht durch Training oder Ähnliches verändern. Toleranz seitens der Normalsensiblen gegenüber der Wahrnehmung Hochsensibler ist ein hilfreicher Schritt.

Eigeninitiative

Diese schließt sich an das Verantwortungsgefühl an. Da Hochsensible Dinge oder Umstände schnell bemerken und ihre Auswirkungen rasch überblicken, neigen sie auch häufiger dazu, selbst initiativ einzugreifen, denn sie sehen ja, was nötig ist. Warum also erst mit jemand anderem darüber diskutieren? Dass ein solches Verhalten in Teams, in denen die Fähigkeit eines hochsensiblen Kollegen nicht bekannt ist, zu Auseinandersetzungen führen kann, ist nachvollziehbar. Die Fähigkeit zur Eigeninitiative führt andererseits auch dazu, dass Hochsensible in Krisen und Notfällen oft gute Helfer und Retter sind. Mit einem klaren Kopf und einer guten Übersicht unternehmen sie rasch die richtigen Schritte. Allerdings sind sie nach der Bewältigung der kritischen Situation völlig aufgelöst und überreizt, denn ihr System hat in Höchstgeschwindigkeit mit jeder Faser jede Kleinigkeit wahrgenommen, ausgelotet und die entsprechend notwendigen Handlungen vollzogen.

Mit einem klaren Kopf und einer guten Übersicht unternehmen Hochsensible rasch die richtigen Schritte.

Die Leistungsbereitschaft

Die Leistungsbereitschaft Hochsensibler ist nach all diesen zuvor erläuterten Kompetenzen sicherlich nachvollziehbar. Allerdings schwindet diese Bereitschaft, wenn Inhalt, Umfeld oder die zwischenmenschlichen Beziehungen nicht passen und den Hochsensiblen somit dauerhaft und über Gebühr belasten.

Sorgfalt und Gewissenhaftigkeit

Diese Eigenschaften sind bei etlichen Feinfühligen anzutreffen. Ob dies tatsächlich ausschließlich der hochsensiblen Veranlagung zuzuschreiben ist, ist noch ungeklärt. Aber das Bedürfnis nach

Harmonie und Perfektion prägen sicherlich auch den Arbeitsstil in diese Richtung hin.

Struktur und gute Organisation

Struktur und gute Organisation können bei einigen Hochsensiblen gut bis hervorragend ausgebildet sein. Auch hier stehen die Soft Skills Harmonieempfinden, Perfektionsbereitschaft sowie guter Überblick und Vorausschau in Verbindung. Es gibt aber auch unstrukturierte und schlecht organisierte Feinfühlige. Dies mag dann der Fall sein, wenn die kreative und innovative Seite des Betreffenden deutlich stärker ausgebildet ist – der kreative Chaot.

Zuverlässigkeit

Zuverlässigkeit weisen die meisten Hochsensiblen auf. Es mag Ausnahmen geben, aber das hohe Verantwortungsbewusstsein gestattet Unzuverlässigkeit nicht wirklich. Dies wäre eine Verletzung der anderen Person und wird meist vermieden. Die meisten Besucher der „Offenen Berliner HSP Treffen" sind beispielsweise eher zu früh als zu spät vor Ort.

Begeisterungsfähigkeit

Begeisterungsfähigkeit ist in Teilen bei Feinfühligen möglich. Dies hängt sehr vom Inhalt ab. Beschäftigt sich die betreffende Person intensiv mit einem Thema, das ihr oder ihm sehr am Herzen liegt, kann die Begeisterungsfähigkeit groß und intensiv sein. Berührt der Arbeitsinhalt den Hochsensiblen nicht wirklich, hält sich auch die Begeisterungsfähigkeit in Grenzen. Der Unterschied zu Normalsensiblen liegt an dieser Stelle in der Intensität der gezeigten Begeisterung bzw. auch eines möglichen Desinteresses.

Achtsamkeit

Achtsamkeit ist den meisten Hochsensiblen vertraut, zumindest in Bezug auf andere Menschen und ihre Arbeit. Das mag mit dem Umstand zu tun haben, dass etwa 70 Prozent aller Hochsensiblen introvertiert veranlagt sind. Zu diesem Wesenszug gehört, dass diese Menschen zuerst innehalten und beobachten, bevor sie aktiv werden. In dieser Beobachtungsphase nehmen Hochsensible viel wahr, was sie anschließend im Zuge einer eher harmonisch ausgerichteten Lebensweise achtsam nutzen. Dies kann der Umgang mit Menschen, aber auch mit Tieren sein oder sich in der Gestaltung bestimmter Situationen widerspiegeln. Viele Hochsensible benötigen kein Achtsamkeitstraining, außer es geht um ihr eigenes Wohlbefinden: Durch die häufig jahrelange Verleugnung eigener Bedürfnisse und Empfindungen nehmen Feinfühlige sich selbst oft nicht genügend ernst und gehen dadurch mit sich selbst nicht achtsam genug um. Hier gibt es ein großes Entwicklungspotenzial!

Empathie

Empathie wird vielen Hochsensiblen zugeschrieben, da sie auch zwischen den Zeilen lesen können. Allerdings kann die Empathie schwinden, je nachdem, wie die akute Befindlichkeit ist. Geht es dem Feinfühligen nicht gut – etwa bei Stress oder unpassenden Lebensbedingungen –, hat er einen Konflikt. Wie so viele der hochsensiblen Kompetenzen ist auch die Empathiefähigkeit ein empfindsames Pflänzchen, das sich in einem ungünstigen Klima schnell zurückzieht: Nicht von ungefähr werden Hochsensible öfter als Mimosen bezeichnet.

Menschenkenntnis

Menschenkenntnis tragen viele Feinfühlige in sich. Durch den reichhaltigen Informationszufluss nimmt ein hochsensibler Mensch rasch auch feinste Nuancen der anderen Person auf und macht sich davon ein komplexes Bild. Allerdings zeigen viele Hochsensible diese Gabe nicht so gern, da sie häufig an den eigenen Wahrnehmungen zweifeln. Es ist daher sicherer, nichts zu sagen als etwas Falsches zu äußern und den anderen damit möglicherweise ungewollt zu verletzen. In „unbedachten" Momenten kann der Hochsensible jedoch plötzlich mit seinen Eindrücken überraschen.

Gute Reflexionsfähigkeit

Diese Fähigkeit ist vielen Hochsensiblen zueigen. Im Gehirn eines Feinfühligen passiert viel: Er denkt vor und nach, überarbeitet Situationen gedanklich und emotional und stellt eigenes Verhalten auf den Prüfstand. Gerade Letzteres entspringt der frühen Erfahrung, nicht mit dem eigenen Wesen erkannt und respektiert worden zu sein. Die logische Konsequenz daraus ist das häufige Hinterfragen eigenen Verhaltens und Empfindens. Da Hochsensible in diesem kritischen Beleuchten geübt sind, können sie dies auch gut für entsprechende Arbeitsaufgaben und -bereiche anwenden.

Nicht jeder Hochsensible trägt alle diese Fähigkeiten gleichermaßen in sich, aber alle diese Kompetenzen liegen den meisten Feinfühligen in der einen oder anderen Kombination im Blut.

Wie bereits erwähnt, trägt nicht jeder Mensch, auch nicht jeder hochsensible, alle diese Fähigkeiten gleichermaßen in sich, genauso wenig, wie alle diese Soft Skills in sämtlichen Berufssparten gleichermaßen erforderlich sind. Aber all diese Kompetenzen liegen den meisten Feinfühligen in der einen oder anderen Kombination sozusagen im Blut. Das heißt, sie müssen sich für deren Nutzung nicht außerordentlich anstrengen oder sie gar erlernen. Darin liegt, zum Beispiel für Assessment-Center oder Personaler in der Wahl eines Mitarbeiters, ein großer Vorteil. Dort gilt es, die vorliegenden Soft-Skill-Kombinationen herauszufinden, also den mitgebrachten „Blumenstrauß" zu erkennen, und zu schauen, welche Blume tatsächlich zur Abrundung noch notwendig sein sollte – aber auch Sie als Betroffener können sich mit diesem Wissen besser in Ihrem Beruf und Ihrem Team positionieren.

Ich möchte an dieser Stelle noch darauf hinweisen, dass ich zwar diese Kompetenzen als speziell hochsensibel kategorisiert habe, aber das heißt nicht, dass normalsensible Menschen nicht auch über sie verfügen. In der Regel ist der Unterschied jedoch die Intensität, in der die Kompetenz ausgelebt wird, und somit auch die Selbstverständlichkeit, mit der sie sich als qualitatives Merkmal der Persönlichkeit zeigt.

Vielleicht haben Sie einige Parallelen zu den Adjektiven im vorherigen Kapitel (siehe S. 64) entdeckt? Das wäre nicht verwunderlich, denn ich habe absichtlich einige der feinfühligen Qualitäten dort eingeflochten. Bitte nehmen Sie nochmals Ihr Übungsblatt mit Ihrer Adjektiv-Insel zur Hand und überlegen Sie, welche hochsensiblen Kompetenzen sich in Ihrer Auswahl finden lassen.

Wenn Soft Skills nicht passen

Möglicherweise ist Ihnen aufgefallen, dass in der vorangegangenen Auflistung einige Kompetenzen fehlen, wie zum Beispiel Flexibilität oder Belastbarkeit. Dies ist nicht verwunderlich, denn veranlagungsbedingt liegen Hochsensiblen manche der im Beruf erwünschten oder notwendigen Fähigkeiten nicht sehr oder überhaupt nicht. In diesem Fall stellt sich dann irgendwann die Frage, inwieweit es sinnvoll ist, entweder eigene Kompetenzen zugunsten beruflich erwarteter Vorstellungen hintanzustellen und weniger ausgeprägte Soft Skills speziell zu trainieren, oder die eigenen Fähigkeiten als ausreichend zu erklären und keine speziellen Schulungen anzuvisieren.

Dies ist unter anderem eine Frage der Effizienz. Wie effizient kann ein Mensch sein, wenn sozusagen die Schuhe, in denen er geht, zu klein oder zu groß sind? Auf Dauer wird das anstrengend und vielleicht sogar schmerzhaft. Verstehen Sie mich nicht falsch: Ich lerne sehr gerne, habe im Alter von 49 Jahren noch ein Studium begonnen und bin der Meinung, dass lebenslanges Lernen ein menschliches Grundbedürfnis ist. Die Frage ist nur: Lerne ich etwas zusätzlich, *bevor* oder *nachdem* ich meine eigenen Kapazitäten erkannt und vom Staub meiner Geschichte befreit und weiterentwickelt habe? Mein Credo, zu dem ich Sie gerne einladen möchte, lautet daher: Mut zur Lücke – die Kunst, nicht alles können zu müssen, wenn ich selber etwas zu bieten habe!

Stehen Sie dazu, dass Sie über diese oder jene Kompetenz nicht verfügen!

Stehen Sie dazu, dass Sie über diese oder jene Kompetenz nicht verfügen. Das geht nicht, sagen Sie? Warum nicht? Liegt es möglicherweise daran, dass Sie dann den Eindruck hätten, mit „nur" Ihren hauseigenen Fähigkeiten nicht zu genügen? Diesen Glaubenssatz sollten Sie durchaus in Frage stellen.

Vor sehr vielen Jahren begann ich bei einer großen Versicherung als Außendienstmitarbeiterin. Der Job wurde mir sehr schmackhaft gemacht: viele interessante Schulungen, rasches Geld. Vom ersten Tag an hatte ich allerdings Bauchschmerzen, anderen Menschen die – durchaus sinnvollen – Versicherungen zu verkaufen. Ich plapperte brav Erlerntes nach, hoffte auf die richtigen Fragen der Kunden und kam mir bei einem Abschluss wie ein Schwein vor. Hatte ich die Person

überredet? Überrumpelt? Über den Tisch gezogen? Letztlich kam ich mit meinem ständigen Unwohlsein nicht zurecht und konnte mir dies auch nicht durch schicke Schulungen und einen zukünftigen Geldsegen schönreden. Ich beendete meinen Einsatz.
Im Nachhinein wurde mir klar, dass ich zum „Klinkenputzen" denkbar ungeeignet bin. Ich habe andere Qualitäten. Kommt beispielsweise ein Mensch und möchte etwas von mir – kein Problem! Dann fahre ich gerne Know-how und Begeisterung auf. Gehe ich zu einem neuen, unbekannten Kunden – keine Chance. Ich habe mich schlussendlich dazu entschieden, die fehlende Kompetenz des Verkaufenkönnens als Lücke in meinem Leben bestehen zu lassen.

Manche Lücken sind genereller Natur, manche sind jedoch abhängig vom beruflichen Kontext. Daher ist es wichtig, auch diesen Aspekt in Ihrer persönlichen Analyse zu berücksichtigen. In dem Moment, in dem Sie eine „Lücke" zugeben, ist es sinnvoll, sich Ihrer bestehenden Kompetenzen bewusst zu werden, um nicht in die Falle zu tappen, sich vermeintlich für unzulänglich zu halten.

Eine Hilfe bei der Entwicklung Ihrer Soft Skills ist die Bewusstwerdung Ihrer Stärken und Gaben. Nun wissen Sie, was Sie können. Das hilft Ihnen, sich und Ihre Kompetenzen besser zu vertreten. Auch im Kontakt mit Ihren Vorgesetzten und Kollegen ist dies von Vorteil, denn diese erhalten jetzt die Chance, Sie und Ihre beruflichen Qualitäten genauer und für das Aufgabenfeld präziser einschätzen zu können. Das erhöht letztlich Ihren Wert auf dem Arbeitsmarkt. Sie können sich in Ihrem Beruf besser platzieren, und es macht Sie als Mitarbeiterin und Kollegin transparenter und authentischer.

Eine Hilfe bei der Entwicklung Ihrer Soft Skills ist die Bewusstwerdung Ihrer Stärken und Gaben: Nun wissen Sie, was Sie können!

So ist es sicherlich konstruktiver, in einem Bewerbungsgespräch oder zu einer herausfordernden Aufgabe sagen zu können: „Kann ich nicht? Dies nicht, aber ich könnte Ihnen diese oder jene Kompetenz mit diesem oder jenen Vorteil anbieten." Auf diese Weise signalisieren Sie Ihrem Gegenüber nicht möglichen Unwillen oder gar Unfähigkeit, sondern Sie nehmen das Heft in die Hand, indem Sie konkrete Alternativen und den Gewinn daraus aufzeigen. Damit können Sie durchaus punkten.

Nun mag es aber im Arbeitsalltag vorkommen, dass Sie zum Beispiel Ihre Belastbarkeit partout nicht weiter ausdehnen können oder möchten, da Sie von sich wissen, dass mehr als das bisherige Maß für Sie kontraproduktiv oder gar gesundheitsschädigend wäre. Von Ihnen wird dies aber aufgrund einer Umstrukturierung im Betrieb erwartet. Eine schwierige, heutzutage aber leider auch häufige Situation.

Eine Lösung für solche, scheinbar aus „höherer Gewalt" entstandenen Umstände ist tatsächlich sehr schwierig. Entweder Sie passen sich an die veränderten Gegebenheiten an, dann könnte jedoch die Gefahr drohen, dass Sie über kurz oder lang in eine Erschöpfung geraten, da Sie sich zu sehr verausgaben, verbiegen und anpassen. Sie können sich, sofern in Ihrem Betrieb vorhanden, an eine Mitarbeitervertretung wenden, um zu klären, wie viel Veränderung Ihnen von Seiten der Firma tatsächlich zugemutet werden kann. Im Sinne dieses Buches können Sie sich jedoch auch Ihre Stärken vergegenwärtigen und versuchen, dank Ihrer spezifischen Qualitäten einen vertretbaren Arbeitsrahmen für sich mit der Firmenleitung zu erhandeln. Dies ist möglicherweise ein eher konfrontativer Weg, aber er birgt zumindest die Chance, dass Sie aufgrund Ihrer klaren Position zu sich und Ihren Kompetenzen der Chefetage eventuell etwas verdeutlichen, was dort im Vorfeld nicht bedacht wurde.

WENN DOCH NICHTS MEHR GEHT

Manche meiner Klienten mussten sich notgedrungen von ihrem Arbeitsplatz verabschieden, wollten sie nicht in der Ignoranz und Kälte der Atmosphäre völlig aufgerieben werden. Sie berichteten dabei auch, dass ein solches Verhalten der Chefebene immer wieder mit auffallend schlecht ausgebildeten (oder bewusst ungeeigneten?) Führungskräften einherging, vor allem im Bereich Mitarbeiterführung und Arbeitsumfeld.

Schlechte Personalwahl oder Absicht? Diese Frage gehört zwar in ein anderes Buch, aber stellen Sie sich diese Frage, wenn Sie mit strukturellen Problemen an Ihrem Arbeitsplatz kämpfen. Ist dieser Führungsstil nämlich Prinzip, ist es für Sie als hochsensibler Mensch wichtig, sich darüber klarzuwerden, wie viel Sie sich gefallen lassen, wie viel Sie sich selbst zumuten und wann Sie Ihre Grenzen setzen wollen.

Ich möchte noch einmal darauf hinweisen, dass die Bewusstwerdung und Entwicklung Ihrer eigenen bekannten oder verdeckten Kompetenzen gerade für Sie selbst von großem Vorteil ist, denn Sie werden dadurch mehr Selbstsicherheit gewinnen und in herausfordernden Situationen über mehr Standvermögen und Selbstvertrauen verfügen. Wann und unter welchen Bedingungen dies jedoch für Sie umsetzbar ist, ist von Ihnen als Person und der individuellen Situation abhängig. Haben Sie Familie, sind Sie womöglich der einzige Verdiener, ist die Frage eines Firmenwechsels oder gar die Überlegung einer Selbstständigkeit mit deutlich mehr existenziellen Unsicherheiten behaftet, als wenn Sie für sich alleine wirtschaften.

Nehmen Sie Herausforderungen an

Stellen Sie sich vor, Sie kommen in eine berufliche Situation, in der bestimmte Soft Skills von Ihnen verlangt werden. Zum Beispiel erhalten Sie nun durch eine Zuständigkeitsveränderung die Aufgabe Kundenbetreuung, obwohl Sie weder gerne telefonieren noch ein wirklich gesprächiger Mensch sind. Sie können oder wollen Ihren Arbeitsplatz nicht aufgeben, können die Aufgabe auch nicht delegieren und entscheiden sich daher, die gewünschten Fähigkeiten zu erlernen. In diesem Fall spielt Ihre innere Haltung und Einstellung eine große Rolle.

Häufig beklagen sich Menschen über Veränderungen und neue Herausforderungen und fragen sich: „Warum gerade ich?“ Es ist unbequem und anstrengend, sich aus den bekannten Strukturen herauszubegeben, die Sicherheit gewohnter Abläufe zu verlassen und Neues zu erlernen. Die innere Haltung sagt ständig: „Will ich nicht!“ Das kostet Kraft, viel Kraft! Es ist daher kaum verwunderlich, dass Menschen mit einer solchen inneren Haltung häufig erschöpft sind.

Was können Sie stattdessen tun? Stellen Sie andere Fragen! „Was kann ich daraus lernen? Wie kann ich mich dadurch weiterentwickeln? Welche meiner wesensbedingten Kompetenzen kann ich nun vielleicht mehr in den Mittelpunkt rücken?“ Solche Überlegungen öffnen Ihre innere Bereitschaft, sich auf Veränderung einzulassen. Letztlich wachsen wir ständig bis ans Lebensende, vorausgesetzt, wir haben uns innerlich dazu bereit erklärt.

DIE INNERE HALTUNG ÜBERPRÜFEN

Überprüfen Sie Ihre innere Haltung. Wie bereit sind Sie, Neues in Ihr Leben zu lassen, auch wenn es zuerst den Anschein hat, dass dies mehr Belastung als Bereicherung zu sein scheint? Blicken Sie hinter Ihre Widerstände. Erforschen Sie die möglichen Auswirkungen der Veränderung auf Sie und Ihre Lebenssituation. Wenn Sie feststellen, dass Sie die Umstellung tatsächlich in allen Facetten Ihres Lebens belasten wird, suchen Sie nach dem „Aus-Weg". Haben Sie jedoch lehrreiche Aspekte entdeckt, erklären Sie sich für den inneren und äußeren Wandel bereit und finden Sie heraus, was das Leben dann für Sie bereithält.

Ungewollte oder überraschende Veränderungen halten oft wichtige Herausforderungen für die Zukunft bereit. Verbauen Sie sich den Weg dahin durch zu viel Angst oder Abwehr, bleiben Ihnen Weiterentwicklungen auf der persönlichen und beruflichen Ebene verwehrt. Erklären Sie sich bereit, sich dem Unbekannten zu stellen, zumal Sie als hochsensibler Mensch mit einer guten Reflexions- und Analysefähigkeit ausgestattet sind. Dann braucht es noch eine Portion Mut, sich – zumindest punktuell – über die Grenzen Ihrer Komfortzone hinwegzubegeben und für die Überraschungen des Lebens bereit zu sein. Dies ist eine Sache der inneren Einstellung.

Wenn Ihnen Kompetenzen einfach nicht liegen

Bei aller Haltung und Bereitschaft zur Veränderung oder allem Mut zur Lücke gibt es einige Kompetenzen, die hochsensiblen Menschen aufgrund ihrer Veranlagung einfach nicht liegen oder kontraproduktiv sind. Diese Fähigkeiten dennoch ins berufliche Boot zu holen oder holen zu müssen kann für Feinfühlige zu einer subtilen und dauerhaften Belastung führen. Dies ist leider nicht immer zu umgehen, aber für Sie wichtig zu wissen, damit Sie Ihren Energieverbrauch und die möglichen Stressoren besser auffinden und einschätzen können.

Flexibilität Wie notwendig es ist, zu Veränderungen bereit zu sein, habe ich bereits zur Sprache gebracht. Veränderungen sind für Hochsensible tatsächlich eine größere Herausforderung als für Normalsensible. Das feinfühlige System arbeitet auf Hochtouren, um die anstehenden Modifikationen zu erfassen und sämtliche verfügbaren Eventualitäten vorzubereiten. Die eigene gedankliche und emotionale Haltung zur Veränderung bewirkt, je nach Einstellung, eine Verschärfung oder Entspannung des Stresses, der damit verbunden ist. Flexibilität ist also eine Kompetenz, die durch Bewusstwerdung eigener Wünsche, Fähigkeiten und Ziele – in Maßen – beeinflussbar ist. Generell bleibt die Tatsache, dass es für die meisten Hochsensiblen sehr anstrengend ist, in ständiger Flexibilitätsbereitschaft zu sein. Die belastenden Auswirkungen zeigen sich jedoch erst nach Monaten oder gar Jahren. Daher sollten Sie in diesem Punkt sehr achtsam mit sich umgehen und ihr Entwicklungs- und Entspannungsbedürfnis gut im Gleichgewicht halten.

> Manche Kompetenzen liegen hochsensiblen Menschen aufgrund ihrer Veranlagung einfach nicht oder sind kontraproduktiv.

Belastbarkeit Im Grunde sind hochsensible Menschen sehr belastbar, nur nicht auf die Weise, wie wir es von Normalsensiblen gewohnt sind. Normalsensible Menschen verfügen über mehr energetischen Spielraum, um unpassende Umgebungen oder Situationen besser aufzufangen. Das ist Feinfühligen nicht in diesem Maße möglich. Das hochsensible System arbeitet in der Regel durch die hohe Reizaufnahme und -verarbeitung dermaßen im hochfrequenten Bereich, dass alles möglichst passgenau sein sollte, um nicht eine Überlastung zu riskieren. Ist dies nicht der Fall, kommt es deutlich schneller als bei Normalsensiblen zu der scheinbar fehlenden Belastbarkeit. Ist Ihnen dieser Umstand bekannt und arbeiten Sie möglicherweise gar in einem Bereich, der Ihnen Spaß macht, stabilisiert sich Ihre Belastbarkeit deutlich.

Sorgen Sie daher nach Möglichkeit für stimmige Rahmenbedingungen. Wenn das meiste um Sie herum zu Ihren Bedürfnissen oder Ihrem Arbeitsstil passt, also zum Beispiel die Arbeitszeiten, die Stimmung im Team, Licht, Lärm, Temperatur oder Ihre Arbeitsinhalte, dann sind Sie mindestens genauso belastbar wie Normalsensible.

Sich in den Mittelpunkt stellen Das liegt den meisten Hochsensiblen nicht. Im Rampenlicht der Aufmerksamkeit fühlen sie sich unwohl, beobachtet und kritisch beäugt. Meiner Einschätzung nach liegt dies an der häufig fehlenden emotionalen Stabilität und der Reizflut, die durch eine solche Position entsteht – wie unter einem Vergrößerungsglas sind Sie für alle sichtbar. Das Resultat ist eine große Unsicherheit gegenüber sich selbst und dem eigenen Handeln. Im Mittelpunkt einer Gruppe kann der Hochsensible zudem schlecht einschätzen, wie die anderen ihm gegenüber eingestellt sind. Dies verunsichert zusätzlich. Daher meiden viele Hochsensible solche Situationen.

Seien Sie achtsam mit Ihren Grenzen und Bedürfnissen. Wägen Sie gut ab, ob Sie sich der emotionalen und energetischen Herausforderung des Im-Mittelpunkt-Stehens aussetzen möchten oder ob Sie andere Strategien wählen (können). Wenn sich eine solche Position nicht vermeiden lässt, sorgen Sie im Vorfeld und im Nachgang für genügend Ruhe und Entspannung, um Ihr in Aufruhr geratenes System wieder auszugleichen. Möglicherweise helfen hier Meditation, autogenes Training, Stressbewältigungsmethoden oder die sanfte Medizin der Homöopathie, Phytotherapie oder Bachblüten.

Selbstbewusstsein Dies ist häufig ein sehr empfindlicher Aspekt der hochsensiblen Psyche. Mir sind immer wieder feinfühlige Menschen in den Beratungen und den offenen HSP-Treffen begegnet, die, obwohl sie einen guten Stand im (Berufs-)Leben haben, mit starken Minderwertigkeitskonflikten kämpfen. Dies ist in der Regel das Ergebnis einer Kindheit, in der die hochsensible Veranlagung bedauerlicherweise nicht erkannt und akzeptiert wurde. Im Erwachsenenalter lässt sich diese Unsicherheit ändern, bedarf aber der bewussten Hinwendung und häufig auch der Unterstützung eines Coachs oder eines Therapeuten. Laut Elaine N. Aron bessern sich solche psychischen Verletzungen relativ rasch, wenn in der Behandlung die hochsensible Veranlagung erkannt, bearbeitet und integriert wird.

Sich in großen Gruppen bewegen Genauso ungern wie Feinfühlige im Mittelpunkt stehen wollen, sind auch Situationen in großen Gruppen für sie unangenehm und schwierig. Auch hier spielt der Aspekt der Reizfülle wieder eine zentrale Rolle: viele Menschen, viele Reize. Dies lässt sich weder abtrainieren noch abschalten. Einzig ein angemessener Umgang damit erleichtert derartige Situationen zum Teil.

Seien Sie sich darüber bewusst, dass Sie viele Signale aufnehmen, ganz gleich, ob das für Sie in dem Moment spürbar ist oder nicht. Sorgen Sie daher, falls Sie eine solche Situation zu meistern haben, für entsprechende Ruhe und Entspannung im Nachhinein. Je ausgeglichener und zufriedener Sie zusätzlich in die Situation hineingehen, umso besser kann Ihr inneres System damit umgehen. Denn je wohler Sie sich fühlen, umso besser kann Ihr neuronales System die Reize verarbeiten.

Sich und die eigenen Fähigkeiten gut „verkaufen" Den meisten Hochsensiblen ist eine solche Aufgabe sehr unangenehm. Damit stellen sie sich ja gewissermaßen in den Mittelpunkt, booten womöglich jemand anderen durch die Darstellung eigener Qualitäten aus und werden als Person und mit ihrem Wesen sichtbar – alles Situationen, die Feinfühlige in der Regel meiden. Zusätzlich birgt dies noch die Gefahr, dass die eigene Person angreifbarer wird. Das bedeutet für das ohnehin schon instabile Selbstwertgefühl eine große Belastung. Schlussendlich mögen Hochsensible meist Kooperation wesentlich lieber als Konkurrenz: Sich zu verkaufen bedeutet ja auch, in Konkurrenz mit anderen Bewerbern oder Kollegen zu gehen. Hochsensible wirken mit ihren Qualitäten und Kompetenzen viel lieber still und zurückhaltend aus dem Hintergrund. „Ach, ich wusste gar nicht, dass du das auch kannst", wäre eine typische Reaktion der Mitmenschen.

Die Lösung für Sie kann das „Verkaufen" durch Ihre Begeisterung an der Sache sein. Stecken Sie Ihr Gegenüber an, teilen Sie Ihr Interesse und Ihre Freude an dem, was Sie tun. Dadurch erzeugen Sie einen Sog des Interesses des anderen an Ihnen oder Ihren Fähigkeiten. Letztlich ist diese Form des Verkaufens laut Hirnforscher Gerald Hüther die natürlichere.

Durchsetzungsvermögen/zielstrebig auch gegen Widerstände Auch dieses Verhalten ist feinfühligen Menschen höchst unangenehm. Da sie Konkurrenz nicht mögen, sondern im Kontakt die Harmonie bevorzugen, würden sie im Konflikt eher anderen den Vortritt lassen, als um das eigene Recht oder eine bessere Position zu kämpfen. Das Resultat ist der „übersehene Mitarbeiter".

Stärken Sie einerseits Ihr Selbstbewusstsein, denn auf wackeligen Füßen lassen sich Auseinandersetzungen schwer führen. Je sicherer Sie sich Ihrer Qualitäten und Ihrer selbst sind, umso besser können Sie sich auch in einem möglichen Konflikt vertreten. Hinterfragen Sie andererseits die Widerstände Ihres Gegenübers. Sie bringen in der Regel genügend Analysefähigkeit mit, um einen Sachverhalt tiefgründig zu erfassen und Vor- und Nachteile gut abzuwägen. Allerdings Vorsicht: Nicht selten geht es bei Widerständen des Gegenübers gar nicht um die tatsächlichen Fakten, sondern um emotionale Befindlichkeiten wie beispielsweise Neid, Frustration, Macht oder anderes. Versuchen Sie dies zu ergründen, um sich dann in der Situation neu zu positionieren.

Konfliktbereitschaft Wenigen Hochsensiblen liegt diese Eigenschaft. Dies ist unter anderem auch in der Reizfülle eines Konflikts begründet. Eine Auseinandersetzung birgt viele inhaltliche, aber vor allem emotionale Reize. Für gewöhnlich ist ein Konflikt und sein Verlauf schlecht einschätzbar. Diese Ungewissheit sorgt wiederum für eine Flut von Empfindungen und Reizen, inklusive der Gefahr eigener Verletzungen, wenn der Konflikt ungünstig verläuft: Wird die andere Person mich angreifen? Wenn ja, wie und womit (inhaltlich)? Was mache ich dann? Wie wird sich der Konflikt überhaupt entwickeln? Habe ich genügend Argumente? Was mache ich, wenn ich so gestresst dabei bin, dass ich nicht denken oder handeln kann?

Konfliktbereitschaft liegt nur wenigen Hochsensiblen.

Wenn Sie also schon im Vorfeld wissen, dass ein Konfliktgespräch anstehen wird, begrenzen Sie die Zeit (auf zum Beispiel zehn oder 20 Minuten) oder gönnen Sie sich zwischendrin eine Auszeit (Toilette, Zigarette, Luft schnappen), um Ihr aufgewühltes System wieder zu beruhigen und Ihre Gedanken zu sortieren. Sollte Sie ein Konflikt unvorbereitet erwischen, üben Sie sich darin, auch in solchen Momenten ein Stoppsignal zu setzen, wenn Sie die Sache überreizt. Grenzen ziehen ist bei Konflikten öfter hilfreicher, als wir denken. Allerdings wählen Sie diesen Umgang nicht als generelle Lösung. Wenn dies geschieht, ist vermutlich etwas in Ihnen grundlegend belastet und sollte – wenn irgend möglich und eventuell mithilfe einer dritten Person – geklärt werden.

Kommunikationsfähigkeit Zu kommunizieren ist eine Kompetenz, mit der die meisten Hochsensiblen durchaus gut umgehen können. Allerdings, wie schon beschrieben, nicht in der oberflächlichen Form des Small Talk. Ist das neuronale System des Feinfühligen bereits über die erträgliche Reizschwelle hinweg strapaziert, wird auch in diesem Fall Kommunikation zu einer Belastung. Sie haben bereits den ganzen Tag geredet, sich in Konferenzen und Besprechungen ausgetauscht, Kunden beraten oder Probleme gelöst? Dann ist jedes Wort zu viel, und selbst eine hochsensible Plaudertasche wird zum großen Schweiger. Nehmen Sie sich daher auch Gesprächspausen. Sie müssen nicht ständig für Ihre Arbeitsinhalte ansprechbar sein oder in den Pausen als Kummerkasten Ihrer Kollegen herhalten. Auch wenn Ihre Kollegen dann möglicherweise murren, halten Sie sich vor Augen, dass sie Ihr „Schweigen" nicht gewohnt sind und auch ihrerseits Zeit brauchen, Ihr verändertes Verhalten zu akzeptieren.

Wenn Ihre Kompetenzen zu Konflikten führen

Es gibt einige Kompetenzen und Fähigkeiten, die Sie als feinfühliger Mensch mitbringen, die jedoch im Arbeitskontext zu Konflikten führen können. Oftmals handelt es sich um eine Eigenschaft, die Ihrem hochsensiblen Wesen entspringt und von Normalsensiblen nicht in der Form geteilt oder verstanden wird. Ablehnung oder Ignoranz können dann die unangenehmen Folgen sein.

Zuweilen liegt es aber gar nicht so sehr an Ihren Fähigkeit selbst, sondern an der Art und Weise, wie Sie sie nutzten oder einbringen. Hochsensible sind meistens sehr intensive Menschen. Vieles, was sie tun, trägt daher eine sehr akzentuierte Handschrift. Allein diese Intensität ist manchen Normalsensiblen bereits zu viel, zu irritierend oder unangenehm, und sie wenden sich ab oder lehnen das Verhalten des feinfühligen Kollegen ab. Dies führt natürlich auf beiden Seiten nicht zum gewünschten Ziel. Da Sie als hochsensibler Mensch mit etwa 15 bis 20 Prozent in der Regel in einer Gruppe in der Minderzahl sind, werden Sie sich über kurz oder lang eher zurücknehmen und Ihre Kompetenzen verbergen. Damit Sie besser einschätzen können, welche Kompetenzen Konflikte hervorrufen können, seien hier einige stellvertretend genannt.

Hohe Wahrnehmungsfähigkeit Was Sie bemerken, ist für die anderen (noch) nicht spür- oder erkennbar. In unserer Kultur herrscht bislang häufig noch die Haltung vor „Was ich nicht sehe oder fühle, gibt es nicht!“ Der Konflikt ist vorprogrammiert. Passiert dies öfter, stehen Sie schnell im sozialen Aus als Spinner, Mimose oder Ähnliches. Das hilft niemandem und führt nicht selten zu unerträglichen Spannungen. Es stellen sich daher Hochsensible, die ihre Veranlagung erkennen und bewusst leben, immer häufiger die Frage, wie sie diesen Umstand ihren Mitmenschen erklären können. Lesen Sie mehr dazu auf S. 50.

HOCHSENSIBILITÄT ERKLÄREN

Je nach Situation und Ihrem Gegenüber sollten Sie versuchen, Hochsensibilität in Bildern oder Analogien zu erklären. Damit sprechen Sie das bildhafte und emotionale Verständnis an. Sie können auch Fragen stellen oder mit Beispielen arbeiten: „Stell dir mal vor, du würdest auf der Riesenkreuzung eine Rechenaufgabe lösen müssen" oder Vergleichbares. Der wichtigste Punkt von allen aber ist: Seien Sie achtsam in der Wahl, wem Sie wann was sagen. Leider sind nicht alle Menschen gleichermaßen offen für ungewohnte Informationen.

Ehrlichkeit Mit ihrer Direktheit und Ehrlichkeit können Feinfühlige schnell ihr Gegenüber brüskieren und abschrecken. Für Sie war Ihr Einwand oder Ihre Bemerkung sicherlich nicht brüskierend gemeint, aber in der typisch hochsensiblen Art, direkt aufs Ziel zuzusteuern – zumindest, wenn Sie Ihr Wissen oder Ihre Eindrücke nicht mehr zurückzuhalten vermögen –, können Sie andere schnell gegen sich aufbringen. Der Wahrheitsgehalt Ihrer Aussage fällt dabei schon mal unter den Tisch.

Intuition Was ist das, dieses undefinierbare Gefühl von Wissen und Gewissheit, ohne es im Moment des Erkennens oder Fühlens analysieren und erklären zu können? Vielen Hochsensiblen wird eine gute Intuition nachgesagt. Erklärbar wäre sie auf der Basis der hohen Informationsfülle, über die Sie verfügen. Wenn wir uns zusätzlich verdeutlichen, dass generell etwa 95 Prozent aller Informationen unbewusst aufgenommen und verarbeitet werden, ist es nur allzu logisch, dass wir oft nicht wissen, was wir alles wissen – und Hochsensible sind hier empfänglicher.

Wir nehmen etwa 95 Prozent aller Informationen unbewusst auf.

Verfügt und äußert nun ein feinfühliger Mensch Informationen aus seinem unbewussten 95-Prozent-Fundus und kann ein Normalsensibler dies möglicherweise nicht nachempfinden, kommt es, wie auch bei dem Punkt „Hohe Wahrnehmungsfähigkeit", zu einem Verständnis- und Toleranzkonflikt. Die Gabe des Hochsensiblen wird vielleicht abgelehnt, obwohl sie wertvolle Hinweise beinhaltet.

Empathie „Nun seien Sie doch nicht so empfindlich!", „Das ist eben so, da muss die Patientin jetzt durch!", „Wenn Sie hier jedes Mal so einen Aufstand machen würden ..." – so oder so ähnlich könnten Reaktionen von Kollegen oder Vorgesetzten auf Ihre Empathie und Ihr Mitgefühl sein. Sie empfinden das Leid anderer intensiv, Sie nehmen es auf und suchen nach Linderung, auch ganz praktisch. Obwohl in unserer Kultur Mitgefühl großgeschrieben wird, findet es im beruflichen Alltag, selbst dort, wo es hingehören sollte, nicht immer seinen Ausdruck und seinen Platz. Für Sie ist dies oft nicht zu verstehen und auszuhalten, aber noch viel schwieriger ist es, eine unempathische Haltung zu übernehmen. Hier kommen Sie unweigerlich in einen Gewissenskonflikt, der sich durchaus auch in einer schwierigen beruflichen Situation ausdrücken kann.

Innovation In manchen Branchen ist Innovationsgeist durchaus gefragt und auch notwendig. Aber vielerorts wird das kreative Querdenken Hochsensibler schnell als störend abgewiegelt, vorzugsweise in Strukturen mit festen und ritualisierten Abläufen.

WENN IHRE IDEEN NICHT GEFRAGT SIND

Reiben Sie sich nicht zu lange an ungünstigen Strukturen und einer möglichen Ablehnung Ihres Innovationsgeistes. Selbst wenn Ihre Ideen sinnvoll sind, suchen Sie sich Menschen und Orte, an denen Ihre offene und fortschrittliche Haltung willkommen ist.

Eigensinn Häufig zeigen feinfühlige Menschen einen gewissen Eigensinn. Dieser resultiert aus dem intensiven, durch die hohe Wahrnehmungsfähigkeit geprägten Empfinden einer eigenen Realität. Auch zu überblicken, dass manche Arbeitsschritte in die Irre führen würden, kann zu einem scheinbar eigensinnigen Verhalten führen. Und Sie möchten vielleicht nach Feierabend generell nicht mit in die Kneipe gehen, weil Sie von sich wissen, dass es Ihnen nicht guttut. Arbeitsabläufe in nur bestimmten Schritten zu vollziehen oder in Diskussionen nicht vom eigenen Standpunkt abzuweichen kann auch eigensinnig wirken, obwohl es vielmehr Ihrer Erkenntnis über ineffektive Lösungen entspringen mag. Auch der Versuch, selber durch ritualisierte Abläufe im Alltag Überreizung zu vermeiden, kann den Eindruck von Eigensinn hinterlassen. Im kollegialen Kontakt kann dies leicht zu Differenzen führen oder verhindern, dass sich gangbare Wege auftun.

Großer Gerechtigkeitssinn Je nach Temperament zeigt sich das tiefe Gerechtigkeitsempfinden Hochsensibler unterschiedlich ausgeprägt. Manche gehen lautstark und ohne Rücksicht auf die eigene Person auf die Barrikaden. Andere suchen leise und im Hintergrund nach Lösungen, um die Ungerechtigkeit aufzulösen.

Ein Beispiel aus meiner Kindheit verdeutlicht einen eher zurückhaltenden Umgang mit Ungerechtigkeit. Ich war in der fünften oder sechsten Klasse im ersten Halbjahr in einer Französisch-AG. Ich liebte diese Sprache und stand daher auf der Note eins. Die Lehrerin hatte in diesem Kurs auch zwei Lieblingsschülerinnen, die ebenfalls auf Note eins standen. Im Halbjahreszeugnis bekam ich eine Zwei, die beiden anderen eine Eins. Für gewöhnlich war ich kein Kind, das aktiven Widerstand zeigte, aber diese Ungerechtigkeit wurmte mich doch sehr. Ich ging also zur Lehrerin und fragte sie, warum ich nur eine Zwei bekommen hätte. Sie erklärte sich mit Rechnereien bezüglich der geschriebenen Noten von Tests und Vokabelübungen – für mich keine ausreichend nachvollziehbare Erklärung. Im nächsten Halbjahr hatte ich eine Fünf und fand nie wieder den Anschluss an meine früheren guten Noten in Französisch.

Dies ist ein extremes Beispiel, und dennoch habe ich wunderbare Urlaube in Frankreich erlebt. Aber es verdeutlicht die Empfindsamkeit für gerechte und ungerechte Behandlung.

Nein sagen, wenn es nicht anders geht

Wir haben uns bislang angeschaut, welche Soft Skills heutzutage in der Berufswelt gefragt sind und welche bei hochsensiblen Menschen typischerweise intensiver ausgebildet sind. Wir haben Kompetenzen beleuchtet, die Ihnen nicht liegen, und Kompetenzen, mit denen Normalsensible ihre Probleme haben können. Bitte machen Sie sich immer wieder bewusst, dass es, auch wenn es hier zuweilen etwas generell klingt, immer auf beiden Seiten Ausnahmen gibt und der individuelle Blick auf Mensch und Situation nie fehlen darf.

Was aber, wenn es nun wirklich nicht passt und Sie es auch nicht passend machen wollen? Haben Sie den Mut zur Lücke! Zur richtigen, echten Lücke: „Nein, das mache ich nicht!" Was nützt es Ihnen und Ihrer Firma, wenn andere von Ihnen und Sie von sich selbst Fähigkeiten erwarten, die Ihnen partout nicht liegen? Ich zum Beispiel kann einfach nicht künstlerisch malen und mir auch keine Lieder merken, obwohl ich ein hervorragendes Rhythmusgefühl habe und auch ein gutes Auge für Bildkompositionen besitze. Unsere Arbeitswelt ist voll von Menschen, die sich ständig an Arbeitsbedingungen und -inhalte anpassen, die einfach nicht die ihren sind. Steigende Belastungen und Stress sind zwei Folgen unter vielen. Die Krankmeldungen mit psychischen Diagnosen steigen und steigen seit Jahren, sicherlich zum Teil auch aufgrund der häufigen Fehlanpassung.

> Hochsensibel oder normalsensibel: Der individuelle Blick auf Mensch und Situation darf nie fehlen.

Zugegeben, es ist ein konfrontativer und häufig auch unbequemer Schritt, sich diesem Zugzwang zu entziehen. Aber gegen den Strom zu schwimmen hat Geschichte. Pioniere schwimmen immer gegen den Strom, nicht nur in früheren Zeiten, auch heute. Sie alle haben zu Beginn Häme, Widerstand und Ablehnung erfahren, sind aber ihrer Idee oder Vision treu geblieben – und irgendwann begann der Strom zu strudeln, und langsam, ganz langsam änderte sich die Richtung. Hochsensible sind aus meiner Sicht Vorreiter unserer Zeit. Vorreiter eines lebenswerten und menschenwürdigen Lebens, denn sie sind, weil es sie im Innersten angeht, die Ersten, die in der Gesellschaft auf Missstände aufmerksam machen.

GEGEN DEN STROM SCHWIMMEN

Vielleicht mögen Sie nicht mehr mit dem Strom schwimmen, der Sie erschöpft oder untertaucht. Lassen Sie die Vorstellung auf sich wirken, sich vielleicht zuerst an den Rand des Stroms zu stellen, zu beobachten, was alles geschieht, um dann an der für Sie geeigneten Stelle zu denjenigen zu stoßen, die eine andere Richtung eingeschlagen haben. Diese Haltung können Sie im Großen, aber auch in ganz kleinen Alltagsangelegenheiten anwenden. Somit können Sie Ihrem Ziel und vor allem sich selbst näherkommen, wenn Sie gegen den Strom schwimmen wollen.

Wenn Menschen tatsächlich beginnen, sich belastenden Bedingungen zu entziehen und beginnen, gegen den Strom zu schwimmen, tun sich plötzlich zuvor nicht erkannte Möglichkeiten auf. Häufig kommt dann ein „Ach, daran haben wir gar nicht gedacht!“ oder „Stimmt, so können wir das ja auch machen. Gar nicht so schlecht!“

In einem HSP-Treffen vor vielen Jahren berichtete eine Besucherin eines Tages davon, dass sie nun endlich ein eigenes Büro in der Firma habe. Sie liebt ihren Beruf und wollte auf keinen Fall die Firma verlassen. Aber ihr Arbeitsplatz war eine Zumutung für sie. Ein halbes Jahr kämpfte sie darum. Sie machte sich über ihre Hochsensibilität schlau und vergegenwärtigte sich ihre Kompetenzen. Immer und immer wieder sprach sie mit ihrem Chef, bis sich eines Tages die symbolische Tür öffnete und sie ihr eigenes Büro bekam.

Häufig sind wir in unserem Denken in gewohnten Bahnen gefangen. Sie als hochsensibler Mensch stellen hier mit Ihren scheinbar ungewöhnlichen Bedürfnissen und Gaben eine Herausforderung dar, der sich nicht jeder gerne und sofort stellt. Widerstand ist die erste Reaktion.

NICHT GLEICH AUFGEBEN

Wenden Sie sich nicht beim ersten Nein ab! Napoleon Hill beschreibt in seinem Buch „Denke nach und werde reich", dass einer der Gründe, warum Millionäre zu Millionären geworden sind, der ist, sich nicht beim ersten Nein von der eigenen Idee oder dem eigenen Wunsch abbringen zu lassen. Bleiben Sie hartnäckig, wenn das Ziel es Ihnen wert ist!

Ein weiteres Beispiel:

Anfang 2016 war ich auf Verlagssuche. Meine Idee und das Exposé für das Buch „Hurra, ich bin hochsensibel! Und nun?" war geboren. Ich wollte das Werk unbedingt bei einem großen Verlag unterbringen. Etwas anderes kam für mich nicht in Frage. So schrieb ich einige Verlage an. Gewöhnlich haben Verlage eine Unterseite für Autoren auf ihrer Webseite. Nur beim Springer Verlag fand ich diese Seite nicht. Also schrieb ich dort eine Redakteurin aus einem passenden Bereich an. Die Reaktion war eine freundliche Absage. Ich war frustriert und, obwohl ich auch von anderen Verlagen Absagen erhielt, ließ mir die Sache keine Ruhe. In dieser Phase las ich Napoleon Hill und die Sache mit dem Nein. Das gab mir den Anstoß, mit einer freundlichen Mail mit der Bitte um entsprechende Weiterleitung meines Exposés zu antworten. Zwei Tage später erhielt ich eine Nachricht einer Cheflektorin des Springer Verlags mit der Einladung zu einem Gespräch. Ich hatte Erfolg gehabt!

Durch Ihre Präsenz und Hartnäckigkeit beginnt ein Umdenken, auch bei den anderen. Sie bringen vermutlich Aspekte des Arbeitnehmerdaseins ein, deren Auswirkungen Ihre Kollegen oder Vorgesetzte nicht bedacht haben. Erinnern Sie sich: Normalsensible Menschen haben einen anderen Blick auf ihre Umwelt und andere

Menschen. Erst wenn Sie Ihre Kollegen oder Vorgesetzten auf Unbekanntes aufmerksam machen, können diese die neuen Aspekte erkennen und sie in ihre Arbeitsgestaltung mit einbeziehen. Auch dies vollzieht sich in der Regel nicht immer ohne Widerstände – der Mensch ist ein Gewohnheitstier –, aber wir leben in einer Zeit, in der die Forderung nach Flexibilität immer größer wird. Und somit steigen nicht nur Ihre Chancen, gehört zu werden, sondern auch die Chancen, dass berufliche Gegebenheiten hinterfragt und geändert werden können.

Durch Ihre Präsenz und Hartnäckigkeit beginnt ein Umdenken.

Weltanschauungen ändern sich – Paradigmenwechsel in der Berufswelt

Möglicherweise halten Sie meine Ausführungen für etwas weltfremd, scheint sich am Arbeitsmarkt doch gerade das Gegenteil zu vollziehen. Das ist richtig. Um besser verstehen zu können, was hinter diesen kontroversen Strömungen steht, möchte ich hier kurz etwas ausholen.

Ein Paradigma ist ein allgemein anerkanntes Muster oder eine grundsätzliche Denkweise wie eine Weltanschauung. Die Weltanschauung, die uns in den letzten ca. 400 Jahren geprägt hat, ist die des französischen Philosophen René Descartes, der im 17. Jahrhundert das mechanistische Weltbild entwarf. Alles, also auch der Mensch, funktioniert nach Prinzipien, die sich beobachten und messen lassen. Darauf hat auch die moderne Wissenschaft aufgebaut und viel erreicht, Entdeckungen gemacht und die Wissenschaft vorangetrieben.

Seit einigen Jahrzehnten jedoch bröckelt dieses Weltbild. Durch Disziplinen wie Psychologie, (Quanten-)Physik oder Biologie wurde immer deutlicher, dass unsere Welt nicht so mechanistisch funktioniert wie gedacht. Es gibt Phänomene, die sich mit einer mechanistischen Funktionsweise nicht vereinen lassen, beispielsweise der Welle-Teilchen-Dualismus aus der Quantenphysik, die Telepathie oder das Resonanzgesetz. Mit diesen Erkenntnissen begann das alte Paradigma zu wanken, und neue Erkenntnisse suchten und suchen sich ihre Wege in die Öffentlichkeit. Diesen Wandel nennt man Paradigmenwechsel.

Eine solche Veränderung geht aber natürlich niemals still und leise und schon gar nicht ohne Widerstände vonstatten. Es streiten sich die unterschiedlichen Schulen und Strömungen. Bezeichnend für einen Paradigmenwechsel ist in der Regel, dass sich die Vertreter der alten Weltanschauung meist vehement an ihre Überzeugungen klammern und alles für deren Erhalt tun, je mehr sich die Erkenntnisentwicklung davon entfernt. Dies können wir beispielsweise an Regelschulen und ihren Rahmenplänen beobachten, die meist an alten Strukturen haften bleiben, auch wenn es gute Gründe gäbe, etwas zu ändern. Viele freie und private Schule setzen dagegen auf völlig andere soziale und psychologische Grundlagen sowie veränderte Lernstrukturen.

In einer solchen Phase – und „Phase“ kann hier etliche Jahrzehnte meinen – verstärken Vertreter eines bisherigen Paradigmas ihre Haltung und ihr Handeln. Noch mehr Druck, Verschlechterung des Betriebsklimas, mitarbeiterunfreundliche Strukturen und zunehmende Entwertung der individuellen Arbeitskraft durch zum Beispiel Gehaltssenkungen oder Billigjobs sind nur einige Ergebnisse.

Jene Menschen, die sich an neuen Denk- und Umgangsweisen orientieren, finden sich allmählich zusammen, suchen ihre Nischen und beginnen seit geraumer Zeit, aktiv bewusste Kontrapunkte zu dem alten Arbeitsparadigma zu setzen. Noch sind sie nicht in der Überzahl, weswegen es so scheint, als sei die neue Ausrichtung kaum existent und nicht wirksam. Aber dem ist nicht so. In der Liste der besten Arbeitgeber des Jahres finden sich Firmen, die sich in besonderem Maße durch inhaltliche Innovationen, mitarbeiterfreundliche Strukturen sowie eine menschliche Kunden-, Klienten- oder Patientenpolitik auszeichnen. In solchen Betrieben und Einrichtungen, aber auch in unendlich vielen Klein- und Kleinstfirmen, die neue Arbeitsstrukturen schaffen, wird ein neues Paradigma gelebt.

Eine völlig neue Entwicklung ist hier der sogenannte WeQ. Nach dem IQ und dem EQ greift der WeQ in raschem Tempo die neuen zukunftsweisenden Trends des gesellschaftlichen Wandels von der Ich-Welt hin zur Wir-Welt auf. Der WeQ zeichnet sich durch eine starke Gemeinwohl-Orientierung aus. Mehr darüber erfahren Sie auf S. 165.

Soft Skills erlernen

Es mag in Ihrem Beruf nun tatsächlich notwendig werden, dass Sie über Soft Skills verfügen sollten, die nicht zu Ihrem täglichen Repertoire gehören, vielleicht weil sie Ihnen entweder nicht liegen oder sie noch im Dornröschenschlaf in Ihnen schlummern.

> Seien Sie achtsam, ob in einem neuen Arbeitsfeld möglicherweise grundlegende Stolpersteine verborgen sind.

Sie brauchten vielleicht bislang keine Präsentationen zu halten und waren auch sehr froh darum, denn Ihre ausgeprägte Schüchternheit hat Ihnen dies schon in der Schule erschwert. Nun haben Sie einen neuen Job oder Ihr Aufgabenbereich hat sich verändert. Jetzt *müssen* Sie präsentieren, ob Sie wollen oder nicht. Sie kommen also nicht umhin, die nötigen Befähigungen zu erlernen bzw. Ihre Scheu möglichst zu reduzieren. Wenn diese jedoch wesensbedingt ist, kann das für Sie zu einer recht belastenden Aufgabe werden. Seien Sie daher achtsam, ob in einem neuen Beruf oder Arbeitsfeld möglicherweise solche grundlegenden Stolpersteine verborgen sind.

Ich will damit nicht sagen, dass Sie derartige Kompetenzen nicht erlernen könnten. Vielmehr möchte ich darauf hinweisen, dass der Prozess des Erlernens oder die häufige Nutzung einer Kompetenz, die einem nicht liegt, viel Kraft kosten kann.

KOMPETENZEN AKTIVIEREN

Wenn Ihnen bestimmte Kompetenzen „nicht liegen", ist es gut, herauszufinden, warum nicht – womöglich, weil sie Ihnen aufgrund Ihrer Veranlagung zu wesensfern sind. Aber wenn bestimmte Kompetenzen vielleicht noch in Ihnen schlummern, kann deren Entdeckung und Aktivierung für Sie und Ihre Persönlichkeitsentwicklung von Vorteil sein. Denn nun werden verlorene Anteile Ihrer Persönlichkeit wieder ins Leben gerufen und komplettieren Ihr Wesen.

Während Sie bei der oberen Variante tatsächlich etwas erlernen, was Ihnen fremd oder unangenehm war, schauen Sie sich bei der „Dornröschenvariante" Teile Ihrer selbst an, also etwas eigentlich Vertrautes. Es mag sein, dass Sie zu Beginn Ihrer Entdeckungsreise diese Kompetenzen gar nicht als Teil Ihres Wesens empfinden, aber mit der Zeit spüren Sie vielleicht Freude aufkommen, ein Kribbeln im Bauch oder auch Neugier. Vielleicht reagieren auch Ihre Angehörigen oder Freunde plötzlich offener und erfreut auf Sie. Folgen Sie diesem Weg!

Als ich mir meiner Hochsensibilität bewusst wurde, begann ich, meine berufliche Situation zu überdenken und mir neue Strukturen zu schaffen. Dazu gehörte auch, dass ich gern anderen Menschen Wissen vermittle. Dies lässt sich gut in einer Lehr- oder Dozententätigkeit umsetzen. An dieser Stelle hatte das Universum anscheinend ein offenes Ohr für mich, denn eines Tages bekam ich unerwartet einen Anruf des Chefs eines privaten Bildungsträgers, der eine Dozentin für Psychologie für seine angehenden Lehrkräfte suchte. Ich hatte nicht viel Zeit zum Überlegen, sah das Angebot aber als große Chance, aus meiner langjährigen Tätigkeit in der Sozialarbeit auszusteigen. Da ich kaum Erfahrung im Unterrichten von Fachwissen hatte und mich auch im großen Feld der Psychologie unsicher fühlte, fragte ich eine Kollegin, und wir teilten uns diesen Auftrag für ein halbes Jahr. Danach übernahm ich alle weitere Schulungsgruppen alleine. Dennoch dauerte es etwa zwei Jahre, bis ich meine massiven Unsicherheiten und mein fehlendes Selbstvertrauen in meine Fähigkeiten überwunden hatte. Die Soft Skills strukturiertes Arbeiten, Präsentieren und rhetorische Kompetenzen habe ich mir inzwischen angeeignet. Auch heute sind diese Fähigkeiten unschätzbare Handwerkszeuge für meine Arbeit als Referentin, Dozentin und im Kontakt mit sozialen Gruppen. Ich betrachte die damalige Zeit als Psychologie-Dozentin als eine Lehrzeit.

Besser mit Druck umgehen

Im heutigen Berufsleben werden schnelle Entscheidungen erwartet. Wenn (plötzlich) bestimmte neue Erfordernisse an Sie herangetragen werden, kann das in Ihnen als hochsensibler Mensch schnell das Gefühl von Druck auslösen. Viele Feinfühlige reagieren rasch abwehrend und negativ darauf. So wird unter Umständen zu schnell das Kind mit dem Bade ausgeschüttet, und es fehlt im ersten Moment die Ruhe, sich mit einer gewissen Gelassenheit und innerem Abstand die Sache anzuschauen, auf sich wirken zu lassen, Vor- und Nachteile zu bedenken und erst dann zu entscheiden.

Hochsensible neigen zu einer achtsamen Betrachtungsweise, aber nicht unter Druck.

Wohlgemerkt, Hochsensible neigen zwar zu einer achtsamen Betrachtungsweise, nicht aber, wenn sie sich unter Druck fühlen. Dann kommt es schon mal zu einem übereilten Nein. Dieses wieder umzukehren oder passgenauer zu gestalten, kann unter Umständen scheitern, wenn man zu sehr festhält oder es einem im Nachhinein peinlich ist, wie vorschnell man reagiert hat.

RUHE BEWAHREN!

Auch wenn es Ihnen im ersten Moment schwerfällt, versuchen Sie, Ruhe zu bewahren. Räumen Sie sich selbst (Bedenk-)Zeit ein und kommunizieren Sie diese: „Ich brauche einen Augenblick, um darüber nachzudenken. Ich sage Ihnen nachher (morgen, nächste Woche ...) Bescheid." Es ist meist schwieriger, eine rasche Ablehnung rückgängig zu machen, als ein, zwei Tage auf Ihre Entscheidung zu warten. Lassen Sie sich nicht unter Druck setzen, sondern seien Sie sich selbst es wert, andere auf Ihre Entscheidung warten zu lassen.

Gerade hochsensible Menschen können sehr empfindlich auf Druck reagieren. Übermäßige Anpassung hat viele Feinfühlige darin empfindlich gemacht, sich auf Bedingungen einzulassen, die nicht ihrem inneren Wesen oder den aktuellen Bedürfnissen entsprechen.

Bedürfnisse und Anforderungen im Einklang

Sie wissen, dass Sie nicht alle sozialen und persönlichen Kompetenzen in sich vereinen und weder vereinen können noch müssen. Sie wissen auch, dass es von Vorteil sein kann, die Soft Skills zu favorisieren, über die Sie ohne große Anstrengung oder Training verfügen. Nun stellt sich aber die Frage: Welche Skills machen wann und wo Sinn?

Zwei Seiten ringen bei dieser Frage um Ihre Gunst: die Ihrer eigenen Bedürfnisse und die der Umwelt bzw. Ihrer beruflichen Situation. Meist gewinnt die berufliche Seite, denn sie bedeutet ja Ihre Existenz: Dort verdienen Sie ihr Geld, mit dem Sie sich und Ihre Familie ernähren können. Allerdings droht hier die Gefahr, dass Sie, wenn Ihr Beruf Sie nicht wirklich erfüllt, zu häufig oder auch zu lange an den scheinbar gegebenen und notwendigen Bedingungen verhaften.

Ich war einige Jahrzehnte in der psychosozialen Beratung tätig. Meine Aufgabe war es, zu den Klienten nach Hause zu gehen und sie dort zu beraten und zu unterstützen. Anfangs fand ich diese Aufgabe spannend, aber über die Jahre spürte ich mehr und mehr Unwohlsein dabei, mich in meiner Arbeit immer im energetischen Feld der Klienten zu bewegen. Es dauerte viele Jahre, mich aus diesem Berufsfeld zu lösen, unter anderem auch, weil ich lange Zeit existenzielle Ängste bei der Vorstellung eines beruflichen Wechsels hatte. Inzwischen berate ich in selbst gewählten Räumen oder bei Seminaren und Fortbildungen, schaffe mir also meinen Arbeitsrahmen selbst.

In der Geschäfts- und Arbeitswelt wird die Einstellung, sich nach den Bedingungen der Firma zu richten, bevorzugt, ja sogar erwartet. Das ist im Prinzip nachvollziehbar. Sie möchten ja vermutlich auch nicht, dass die Babysitterin beginnt, das Kinderzimmer oder Ihr Wohnzimmer umzuräumen. Dennoch braucht es auch die

Beachtung Ihrer Bedürfnisse und Fähigkeiten. Nur wenn auch Sie in der Gleichung von Beruf und Person mit Ihren persönlichen, fachlichen und sozialen Kompetenzen eine Rolle spielen, wird Ihnen Ihre Arbeit Spaß machen und Sie beide, die Firma und Sie, werden langfristig Freude und Erfolg haben. Seien Sie achtsam mit sich und mutig, Ihre Bedürfnisse ernst zu nehmen. Im Prozess des Abwägens und in den Verhandlungen über mögliche Kompromisse laufen Sie sonst Gefahr, ungehört zu bleiben.

Bei einem Treffen Hochsensibler erzählte eine Besucherin, die seit Jahren im Großraumbüro arbeitet, dass sie heftig darunter litt. Sie rutschte in einen Burnout und war ein Jahr lang krankgeschrieben. In der Reha-Maßnahme lernte sie, auf sich und ihre Bedürfnisse zu hören und sie zu respektieren. Zurück am Arbeitsplatz verhandelte sie mit ihren Vorgesetzten, dass sie nicht mehr wie zuvor mitten im Raum sitzen musste, sondern nun einen Platz am Rand bekam. Zusätzlich reduzierte sie ihre Arbeitsstunden. Auch achtet sie inzwischen mehr auf die kleinen Signale von Überreizung und Erschöpfung und geht für eine Pause auch schon mal vor die Tür oder gönnt sich in der Freizeit erholsame Spaziergänge und Lesezeiten. Seitdem geht es ihr mit ihrer Arbeit besser.

Es geht also um die Ausgewogenheit beider Seiten. Richten Sie sich zu sehr nach den Bedingungen Ihres Arbeitsplatzes, droht die Gefahr, dass Sie sich zunehmend unwohler fühlen und ausbrennen. Setzen Sie Ihr eigenes Wohlempfinden an die oberste Stelle, kann dies zu Konflikten mit der beruflichen Realität und faktischen Erfordernissen führen. Da jedoch viele Hochsensible dazu neigen, sehr stark auf die Belange ihres Gegenübers – oder in diesem Fall auf berufliche Erfordernisse – einzugehen, sollten Sie an dieser Stelle einen ehrlichen und kritischen Blick auf Ihr eigenes Verhalten werfen.

> Es geht um die Ausgewogenheit zwischen den Bedingungen Ihres Arbeitsplatzes und Ihrem Wohlempfinden.

BEDÜRFNISSE ABWÄGEN

Sollten Sie in eine Situation kommen, in der Sie sich zwischen Ihren und den Belangen Ihres Arbeitsplatzes entscheiden müssen, rücken Sie Ihre Bedürfnisse so weit in den Vordergrund, dass Sie Ihnen nicht nur bewusst werden, sondern dass Sie ihnen auch einen klaren Platz zuweisen:

- Wie ist die Reizsituation am Arbeitsplatz?
- Ist die Arbeitszeit stimmig, zu lang oder zu kurz?
- Fühle ich mich inhaltlich unterfordert oder sind es gänzlich die falschen Inhalte, zum Beispiel aufgrund beruflicher oder persönlicher Veränderung?
- Welche Möglichkeiten der Einflussnahme habe ich darauf?

Nach der Klärung dieser und weiterer Fragen und dem anschließenden Abgleich mit Ihrer konkreten beruflichen Situation können Sie leichter entscheiden, welche Soft Skills Sie sich tatsächlich aneignen möchten und mit welchem Nutzen für Ihre Arbeit *und* für Sie.

Motivationen im Einklang

Sie kennen sicherlich das beflügelnde Gefühl, etwas aus eigenem Wunsch heraus, aus tiefer innerer Motivation und begeisternder Freude lernen und tun zu wollen. Sie möchten sich beispielsweise persönlich oder fachlich im Beruf weiterentwickeln. Sie haben sich bereits schlaugemacht, über welche zusätzlichen Kompetenzen Sie in Zukunft verfügen sollten, und machen sich nun auf die Suche nach passenden Trainings. Dies ist die beste Voraussetzung zum Lernen – die intrinsische Motivation, also die Beweggründe, die aus dem eigenen Wollen und Wünschen heraus entstehen.

Neben der intrinsischen gibt es noch die extrinsische Motivation. Die extrinsische Motivation bedeutet, dass Ihre Beweggründe in äußeren Befriedigungen liegen. Dies kann Geld, Ansehen, Bonus oder eine bestimmte Position sein. Auch dies sind starke Triebfedern. Jedoch sollten sie nicht ausschließlich die Motivation eines Menschen ausmachen, denn sonst droht die Gefahr, dass die innere Motivation verdorrt, was nachhaltig negative Auswirkungen auf die Authentizität und Identität eines Menschen haben kann.

Hochsensible Menschen reagieren meist empfänglicher auf intrinsisch motivierte Aktivitäten.

Hochsensible Menschen reagieren meist empfänglicher auf intrinsische Motive. Da bei ihnen die Rahmenbedingungen besser passen müssen, zählt es mehr, sich wirklich auch wohlzufühlen. Eine intrinsische Motivation gewährleistet dann mit größerer Wahrscheinlichkeit, dass die geforderte Aufgabe stimmiger zum eigenen Wesen passt.

PRÜFEN SIE IHRE MOTIVATION

Prüfen Sie, welche Motivation Sie zum Erlernen weiterer Fähigkeiten bewegt. Häufig fühlen wir uns aufgrund äußerer Erfordernisse gedrängt, möchten aber eigentlich nur halbherzig oder gar nicht. Wenn sich eine solche Maßnahme dennoch nicht vermeiden lässt, versuchen Sie, Ihre Haltung positiv auszurichten. Zum Beispiel, weil Sie die betrieblichen Notwendigkeiten im Hintergrund erkennen und akzeptieren oder doch einen unerwarteten Nutzen für sich daraus ziehen können. Achten Sie parallel dazu darauf, dass Sie auch immer Bereiche haben, in denen Sie intrinsisch motivierte Unternehmungen anstreben. Sie dienen als stärkender Ausgleich.

Der Hochsensibilitätsbonus

Bisher habe ich den Vorteil beleuchtet, den es haben kann, die „hauseigenen" Soft Skills zu bevorzugen bzw. sie sichtbar in den Vordergrund zu rücken. Das schafft Klarheit über Ihre Fähigkeiten, persönliche Transparenz, Effektivität und Erleichterung.

In diesem Kapitel stelle ich Ihnen die Kompetenzen vor, mit denen feinfühlige Menschen gerade in beruflichen Kontexten brillieren können. Dieses Mehr bedingt sich einerseits durch die bereits mehrfach beschriebene intensive Aufnahme und Verarbeitung von Reizen. Daneben gibt es jedoch Qualitäten, die sich nicht allein auf diesen Umstand zurückführen lassen. Es ist daher die Frage: Wie kommt es zu so ausgeprägten Kompetenzen?

Kompetenzgewinn durch Abwehrmechanismen

Ich möchte noch einmal auf das Bild der Perle zurückkommen. Eine Perle entsteht durch einen Fremdkörper in der Muschel, etwa ein Sandkorn. Um von diesem Fremdkörper nicht zu stark verletzt zu werden, ummantelt die Muschel ihn mit ihrer ureigensten Substanz, dem Perlmutt. Im weitesten Sinne könnte man diesen Prozess auch als Kompensation bezeichnen: Die Muschel kompensiert ihre Verletzlichkeit mit der Umhüllung des verletzenden Fremdkörpers.

Kompensation im psychologischen Sprachgebrauch ist der Ausgleich eines realen oder subjektiv empfundenen Minderwertigkeitsgefühls. Zum Beispiel versucht man, die eigene Unsicherheit im Auftreten durch fachliche Kompetenz auszugleichen bzw. zu überdecken. Etwas allgemeiner ausgedrückt ist Kompensation der Versuch, ein Problem durch Überlagerung – man legt ein Verhalten darüber, das davon ablenkt – abzuwenden, zu umgehen oder auszuschalten.

Hochsensible Menschen bringen auf der Basis ihrer Veranlagung bestimmte Fähigkeiten mit, wie ich sie schon im Kapitel „Typische Soft Skills“ auf S. 73 aufgelistet habe. Manche dieser Kompetenzen scheinen sich im Leben eines Feinfühligen über das gewöhnliche Maß hinaus zu entwickeln, weil kompensiert wird. Wie kann es dazu kommen?

Hochsensible erfahren leider häufig bereits im frühen Kindesalter Unverständnis oder sogar Ablehnung. Das kann das Hänseln durch andere Kinder in der Kita sein, die das scheue oder sanfte Kind nicht akzeptieren. Das können Eltern sein, die trotz aller Liebe das spezielle Bedürfnis nach Reizminderung nicht erkennen und vielleicht sogar für eine „anregende“ Geräuschkulisse sorgen. Das kann der Tischnachbar in der Schule sein, der sich etwa über die besondere Art lustig macht oder ständig stichelt. Sehr häufig ist es diese emotionale Belastung einer solchen Situation, die feinfühligen Menschen sehr zu schaffen macht.

Ein Beispiel: Sie sind als Kind nach der Schule nach Hause gekommen und sollten die Schulaufgaben erledigen. Sie haben sich auch gleich darangemacht, aber immer wurden Sie von der Mutter, dem Vater oder den Geschwistern ermahnt, es nicht so und auch nicht so, sondern anders und vor allem anders, als es Ihrem Wissen und Empfinden entsprach, zu machen. In Ihnen entstand zuerst Unsicherheit, später ein Minderwertigkeitsgefühl, denn stets machten Sie es „falsch“. Ihre Reaktion darauf war der Versuch, durch ständige Kontrolle Ihres Handelns, durch Beobachtung Ihres Gegenübers und einer intensivierten Perfektion dieses Problem zu vermeiden. Und diese Strategie verfolgen Sie auch heute noch in Ihrem Erwachsenenleben: Wenn Sie wissen, was auf Sie zukommt, und wenn Sie alles so genau und perfekt wie möglich tun, stehen die Chancen im Prinzip gut, eine derartige Maßregelung wie in Kindertagen nicht erneut zu erleben.

Das war nur ein Beispiel, um zu zeigen, wie der kompensatorische Schutzmechanismus unserer Psyche funktioniert. Diese Mechanismen sind zutiefst menschlich, und jeder von uns trägt sie in sich – mehr oder weniger stark ausgeprägt. Wenn diese Schutzhaltungen jedoch dazu führen, dass sie Ihren Lebensfluss blockieren, ist es nötig, sich mit ihnen auseinanderzusetzen. Aber das Gute daran: Häufig erwachsen aus diesen Schutz- und Schonhaltungen (so nennt es die Stressbewältigungsmethode ROMPC®) auch besondere Qualitäten, eben die Perlen.

> Kompensatorische Schutzmechanismen sind zutiefst menschlich, jeder von uns trägt sie mehr oder weniger stark ausgeprägt in sich.

INNEHALTEN: WAS LIEGT DAHINTER?

Halten Sie inne. Beobachten Sie Ihre Handlung und die Motivation dazu. Was bringt Sie dazu, zu tun, was Sie tun? Warum sind Sie immer bereit, als Erster in die Bresche zu springen? Warum muss es immer sofort, gleich und ganz perfekt sein? Wieso trumpfen Sie bei Ihren Kollegen stets so mit Ihrem Fachwissen auf, fühlen sich zuhause aber wie ein Häufchen Elend?

Bekommen Sie bei Ihrer Selbstbetrachtung allmählich ein Gefühl dafür, ob Ihr Verhalten tatsächlich der Eigenart Ihres Wesens entspringt oder ob Sie möglicherweise etwas damit kompensieren möchten. Was könnte das sein?

Kompetenzen mit hochsensiblem Ursprung

Im Folgenden zeige ich einige solcher hochsensiblen Qualitäten auf und gebe Ihnen Ideen, auf welchem Hintergrund sie entstanden sein könnten – sie mögen zwar einen kompensatorischen Ursprung haben, aber schätzen Sie diese Qualitäten bitte nicht als weniger wert ein! Wir alle tragen auf diese Weise entstandene Kräfte in uns und wären keine Menschen, würde unsere Psyche nicht auf diese Weise reagieren.

Subtile Wahrnehmung

Ihre Wahrnehmungsfähigkeit ist im Grunde keine Perle im eigentlichen Sinne. Sie ist das Grundmerkmal Ihrer Veranlagung und begleitet Sie so selbstverständlich und alltäglich in sämtlichen Lebenssituationen und -bereichen wie auch Ihre introvertierte oder extrovertierte Art. Dennoch kann ein Teil Ihrer Wahrnehmungsfähigkeit aus einem kompensatorischen Hintergrund entstanden sein, nämlich dann, wenn Sie durch verletzende Lebensbedingungen dazu aufgefordert waren, Ihre Umgebung sehr aufmerksam auf Gefahrenquellen hin zu beobachten. Dies führte zu einer weiteren Erhöhung Ihrer feinen Wahrnehmung, hat aber einen kompensatorischen Ursprung. Somit ist Ihre Wahrnehmung doch Ihre erste und grundlegendste Perle.

Hochsensible nehmen Stimmungen, nonverbale Informationen und Schwingungen differenzierter auf.

Dies kann sämtlich Lebensbereiche betreffen, auch Ihr Arbeitsleben. Sie fühlen, sehen, riechen oder hören mehr und anders als Ihre Kolleginnen und Kollegen. Aber auch Stimmungen, nonverbale Informationen und Schwingungen aus den unterschiedlichsten Quellen nehmen Sie differenzierter auf.

Lernen Sie, diese Fähigkeit zu schätzen. Erkennen Sie ihre Vorteile und ihren Sinn. Wer, wenn nicht ein Mensch wie Sie, wäre in der Lage, feinste Nuancen im Parfum oder Essen auszuloten? Wer, wenn nicht ein Mensch wie Sie, wäre in der Lage, hochkomplexe Systeme zu erfassen und zu bearbeiten? Wer, wenn nicht ein Mensch wie Sie, könnte andere Menschen zutiefst empathisch und verbunden begleiten und fördern? Erfassen Sie den Sinn und die dahinterliegende Aufgabe dieser Perle, dann können Sie Ihre Veranlagung deutlich besser nach außen vertreten.

Förderliche Bedingungen können sein:
- Neugier auf Ihre Wahrnehmungen seitens der Mitmenschen
- Akzeptanz Ihres Wesens und Ihrer Andersartigkeit

Hinderliche Bedingungen können sein:
- Überreizung durch beispielsweise Licht, Geräusche, Gerüche, gereizte Stimmungen, Temperaturen, unstimmige Situationen, Abläufe, Umgebungen
- mangelnde Wertschätzung Ihrer Kompetenz durch die Mitmenschen

Kompensatorische Faktoren können entstanden sein durch:
- verstärkte Sinneswahrnehmungen
  Aus der Traumaforschung wissen wir inzwischen, dass traumatische Erlebnisse die Sinne schärfen – der Organismus stellt sämtliche Antennen auf, um sich abzusichern und zu überleben. Dieser Schutzmechanismus beginnt bereits am ersten Lebenstag, denn er sorgt für unsere physische und psychische Sicherheit. Dennoch ist eine Hochsensibilität nach bisherigem Stand der Forschung nicht mit einer Traumatisierung gleichzusetzen. Es gibt Unterschiede, wie beispielsweise die sehr frühe Reizempfindlichkeit der Haut oder eine erhöhte Empfindlichkeit bei

Medikamenten. Auch ist bei Säuglingen bereits eine hohe Reizaufnahme festzustellen, ohne dass sie erkennbaren Traumatisierungen ausgesetzt waren.

Kreativ arbeiten

Kreativität lebt von der Vielfalt aufgenommener Informationen: Eine hohe Kreativität ist also das Ergebnis eines sogenannten reizoffeneren Nervensystems. Viele Hochsensible zeigen auf den unterschiedlichsten Gebieten in besonderer Weise kreative Fähigkeiten. Generell ist Kreativität eine komplexe Fähigkeit und ein empfindsames Pflänzchen. Manchmal reicht schon ein falscher „Windhauch“, und sie rollt sich zusammen wie die Blätter der Mimose.

Förderliche Bedingungen können sein:

- Akzeptanz, dass die Kreativität bestehen darf und in ihrer Form Anerkennung findet
- Anregung – nicht zu viel, aber auch nicht zu wenig
- Zeit, sich auch zu ungewöhnlichen Tageszeiten auszudrücken
- anregende Umgebung: Manche mögen es kühl und leer, andere überfüllt, wieder andere gemütlich ...

Hinderliche Bedingungen können sein:

- Abwertung der kreativen Ausdrucksform, z. B. „Das soll Kunst sein?“, „Mit Musik verdient man doch kein Geld!“ usw.
- mangelnde Anregung; Folgen: Langeweile und/oder Unterforderung
- zu viel Anregung; Folgen: Überreizung und/oder Verzettelung
- zu enge Zeitstrukturen; Folge: sie unterbinden den Fluss, den sogenannten Flow
- nicht stimulierende Umgebung; Folge: kreative Prozesse werden unter Umständen von Äußerlichkeiten blockiert

Kompensatorische Faktoren können so entstanden sein:

- Das Kind musste häufig alternative Lösungen entwickeln, um zu seinem Recht oder seinen Bedürfnissen zu kommen. Reaktion: „Ich entwickle meinen eigenen Weg."
- Das Kind wurde stets unterschätzt. Reaktion: „Euch zeig ich's!"
- Das Kind stand häufig in Konkurrenz. Reaktion: „Ich will mithalten können."

Perfektionismus

„Wenn Sie möchten, dass es gut gelingt, wenden Sie sich an einen Hochsensiblen!" könnte das Motto für Perfektion lauten. Das Bedürfnis nach Qualität ist bei Feinfühligen hoch, und ihre umfassende Wahrnehmungsfähigkeit ermöglicht durch die tiefe und vielfältige Verarbeitung der aufgenommenen Reize entsprechend perfekte Ergebnisse.

„Wenn Sie möchten, dass es gut gelingt, wenden Sie sich an einen Hochsensiblen!"

Förderliche Bedingungen können sein:

- Akzeptanz der besonderen Arbeitsweise seitens der Mitmenschen
- Arbeitsinhalte, die passend zugeschnitten sind
- genügend Zeit, um die Aufgabe zu erfüllen
- wenig bis keine Ablenkung

Hinderliche Bedingungen können sein:

- zu viel Anspruch seitens des Hochsensiblen
- zu wenig Zeit zur Ausführung der Aufgabe

Kompensatorische Faktoren können so entstanden sein:

- Ein Selbstwertmangel kann durchaus erhöhtes Perfektionsstreben auslösen: „Nur wenn ich es richtig gut mache, werde ich nicht bestraft und – vielleicht – anerkannt." Da bereits feinfühlige Kinder häufig mit Ablehnung zu kämpfen haben, kann sich ein Minderwertigkeitskomplex recht früh ausbilden.

Vorausschau und Überblick

Die Fähigkeiten zur Vorausschau und zum Überblick sind typische Gaben Hochsensibler. Sie entspringen ebenfalls der Fähigkeit, aus der momentanen Situation einen guten Eindruck davon zu gewinnen, was zu erwarten ist. Das Vermögen, langfristig zu planen, schöpfen sie aus den zahlreichen aufgenommenen Informationen und ihrem Vorwissen.

Förderliche Bedingungen können sein:

- Vertrauen in die hochsensible Beobachtungs- und Analysegabe seitens der Mitmenschen

Hinderliche Bedingungen können sein:

- zu viel Stress im körperlichen und emotionalen System; Folge: Er blockiert die Denk- und Planungsfähigkeit sowie die Möglichkeit, Zusammenhänge in ihren tieferen Strukturen zu erfassen.
- Abwertung der geäußerten Wahrnehmungen; Folge: Blockierung des Vertrauens in die eigene Wahrnehmungsfähigkeit, Frustration, Selbstunsicherheit und Unterdrückung der Wahrnehmung

Kompensatorische Faktoren können so entstanden sein:

- Das Kind stand häufig unter Stress, Gewalt oder emotionalem Druck und Verletzung. Reaktion: genaue Beobachtung des Umfelds, um spätere Situationen besser einschätzen und sich vorbereiten zu können.

Teamplayer

Hochsensible können sehr gut in Teams arbeiten und bringen häufig eine innovative, ausgleichende oder verbindende Komponente ins Spiel. Feinfühlige im Team sind – wie meist – an einem guten oder sehr guten Ergebnis interessiert. Sie engagieren sich auch gern für das Stimmungswohl, allerdings ist dies stark von der Haltung der anderen Teammitglieder, der eigenen Befindlichkeit und der Akzeptanz dieser Rolle abhängig. Gegen Widerstand arbeiten Hochsensible höchst ungern und neigen dann entweder dazu, den Frust ins sich hineinzufressen, um den anderen nicht zur Last zu fallen, oder sie entziehen sich zunehmend, bis hin zum Arbeiten nach Plan.

Förderliche Bedingungen können sein:
- Wissen um die Teamfähigkeit Hochsensibler
- Akzeptieren der Grenzen bei Reizüberflutung
- Rolle und Aufgabenfeld im Team klar definieren

Hinderliche Bedingungen können sein:
- Abwertung hochsensibler Wahrnehmung oder Interventionen
- dauerhaft im Team arbeiten müssen
- unterschwellige Spannungen, die nicht angesprochen oder gelöst werden
- eine Außenseiterposition

Kompensatorische Faktoren können so entstanden sein:
- Das Kind musste möglicherweise zwischen den Eltern oder anderen, emotional wichtigen Personen ausgleichen oder vermitteln.

Verantwortungsbereitschaft

Feinfühlige Menschen neigen rasch und gern zur Übernahme von Verantwortung, teils aus dem sozialen Bedürfnis heraus, anderen zu helfen, teils aus dem schnellen Erkennen heraus, dass konkrete Unterstützung oder ein Handlungsbedarf besteht. Aber ein weiterer, tieferer Grund entspringt meines Erachtens der übermäßigen Anpassung, die viele Hochsensible leisten, um sich in ihrem sozialen Umfeld angenommen zu fühlen.

Sind Sie die Erste, die aufspringt, wenn irgendjemanden ein Fauxpas passiert – Ordnerstapel umgekippt, Kaffeetasse entglitten und dergleichen? Sind Sie der Erste, der sich nach einem betretenen Schweigen in der Runde bereit erklärt, das ungeliebte Protokoll zu schreiben?

Förderliche Bedingungen können sein:

- Verantwortungsvolle Menschen sind in der Berufswelt gefragt. Daher wird die Verantwortungsbereitschaft Hochsensibler meist gern angenommen.

Hinderliche Bedingungen können sein:

- Überschreitet das Maß der Verantwortungsnahme einen gewissen Rahmen, kann das durchaus zu Widerwillen und Unmut bei den Kollegen führen. Auch Konkurrenzsituationen untereinander sind ungünstige Bedingungen für eine ausgewogene Übernahme von Verantwortung.

Kompensatorische Faktoren können so entstanden sein:

- Bereits in der Kindheit kann Verantwortung zu früh erlernt worden sein oder musste beispielsweise für ein Geschwister oder ein Elternteil übernommen werden. Diese Aufgabe nehmen hochsensible Kinder durchaus sehr ernst. Später haben sie das Problem, die überlastende, aber verinnerlichte Verantwortung wieder abzugeben bzw. in einem gesunden Umfang auszuüben. Auch kann ein Selbstwertmangel zu einer übermäßigen Verantwortungsbereitschaft führen. Hier versucht der Feinfühlige, sein reales oder subjektiv empfundenes Minderwertigkeitsgefühl durch die Übernahme von wichtigen, verantwortungsvollen Aufgaben auszugleichen.

Eigeninitiative

Eigeninitiative, vor allem vorschnell ergriffene, hat schon so manchen Hochsensiblen beruflich in die Bredouille gebracht. Begründet liegt diese Fähigkeit in dem Vermögen, schnell eine Lage und die sinnvollen und notwendigen Schritte zu überblicken. Da der Feinfühlige mit seinem Eindruck, ganz gleich, ob er gerechtfertigt ist oder nicht, häufig schneller als die Kollegen ist, neigt er dazu, nicht abzuwarten, sondern gleich zu handeln. Die Gabe der Geduld, des Wartenkönnens, bis auch die anderen Kollegen sich einen Eindruck verschafft haben und sich alle gemeinsam über notwendige Schritte austauschen können, ist nicht immer Sache eines Hochsensiblen. Dennoch bringt diese Kompetenz einige Vorteile im beruflichen Kontext mit sich, denn wer um die Kombination Wahrnehmung – Kreativität – Überblick – Perfektion – Eigeninitiative weiß, kann sich auf einen selbstständigen, mitdenkenden und handlungskompetenten Mitarbeiter im Team freuen.

Förderliche Bedingungen können sein:

- Handlungsspielräume
- Vertrauen in die Entscheidungs- und Handlungskompetenz seitens der Mitmenschen

Hinderliche Bedingungen können sein:

- enge strukturelle Vorgaben (Arbeiten nach Vorschrift)
- Misstrauen gegenüber den besonderen Kompetenzen seitens der Mitmenschen

Kompensatorische Faktoren können so entstanden sein:

- Das Kind hat gelernt, alles selbst zu tun, da es für die eigenen Belange möglicherweise nicht oder keine Unterstützung erhalten hat. Es lernte dadurch: Nur wenn ich es selbst tue, geschieht es überhaupt.

Einzelkämpfer

Alleine zu arbeiten hat den Vorteil, dass die Reizflut relativ gut kontrolliert werden kann. Daher bevorzugen viele Hochsensible diese Arbeitsform. Allerdings lässt sich dies in fremdbestimmten Anstellungen häufig nicht wie gewünscht umsetzen. Da die Ablenkungsgefahr deutlich kleiner ist, können Feinfühlige in einer Einzelsituation besser ihrem Bedürfnis nach tiefgehender und hochkonzentrierter Beschäftigung nachgehen. Meist sind die Ergebnisse entsprechend hochwertig.

Förderliche Bedingungen können sein:

- ruhiger Raum mit Möglichkeit zur Selbstgestaltung
- weniger Reize
- konzentrierte Arbeitsatmosphäre

Hinderliche Bedingungen können sein:

- Gefahr der Isolation und Eigenbrötlerei
- ein „Sich-Verbeißen“ in Inhalte

Kompensatorische Faktoren können so entstanden sein:

- Das hochsensible Kind hat sich alleine durchgekämpft, da es entweder keine Freunde gab, es von Haus aus isoliert war oder Teamsituationen stets als zu kompliziert und überfordernd empfand.

Harmonie im Team

Wie schon mehrfach erwähnt, neigen Feinfühlige zu harmonischen Situationen. Für jedes Team besteht ein großer Vorteil darin, das gute Gespür Hochsensibler für sanfte und kooperative Lösungen zu nutzen. Hochsensible suchen nicht das Gegeneinander, sondern das Miteinander. Da sie meist schon im Vorfeld Situation und Stimmung beobachtet haben, können sie bei Bedarf die jeweiligen Strömungen gut ausgleichen. Unterstützt von ihrer Fähigkeit zur Eigeninitiative leiten sie häufig auch gerne die entsprechenden Interventionen ein.

Für jedes Team besteht ein großer Vorteil darin, das gute Gespür Hochsensibler für sanfte Lösungen zu nutzen.

Förderliche Bedingungen können sein:

- Offenheit und die Bereitschaft der anderen, sich auf harmonische Lösungen einzulassen
- Akzeptanz der hochsensiblen Wahrnehmung seitens der Mitmenschen

Hinderliche Bedingungen können sein:

- Ignoranz und Konkurrenzdenken seitens der Mitmenschen
- Außenseiterposition

Kompensatorische Faktoren können so entstanden sein:

- Viel Streit und Auseinandersetzung in der Familie kann das Kind dazu bringen, Konfrontationen generell zu vermeiden und harmonisierende Lösungen zu bevorzugen.

Innovationskompetenz

Neu denken, quer denken – das fällt den meisten Hochsensiblen leicht. Die innere Fülle möchte sich nicht nur ausdrücken, sondern sucht quasi stets nach Möglichkeiten, es auch in ungewohnter und anregender Weise zu tun. Ganz gleich, ob es darum geht, die betrieblichen Strukturen zu ändern, ein ungewöhnliches Regal für eine unzugängliche Kellerecke zu bauen oder einen neuen Autotyp zu entwerfen – Hochsensible sind bei solchen Aufgaben und Prozessen häufig die richtigen Partner.

Förderliche Bedingungen können sein:

- ein neugieriges, offenes und interessiertes Umfeld
- Spielräume zum freien Denken und Experimentieren

Hinderliche Bedingungen können sein:

- zu starre Strukturen oder Vorgaben
- Desinteresse seitens der Mitmenschen
- zu enge finanzielle Spielräume

Kompensatorische Faktoren können so entstanden sein:

- als Gegenbewegung zu einer allzu traditionellen Kultur. Jedoch sind traditionelles oder innovatives Denken auch typische Persönlichkeitsanteile.

Empathie

Hochsensible erfassen schnell die Stimmung der anderen. Wenn die Bedingungen nicht durch Stress und emotionale Belastungen beeinflusst sind, vermögen sie schnell und zielsicher auf ihr Gegenüber einzugehen. Für jeden Arbeitsbereich, an dem der Kontakt zu anderen Menschen gepflegt wird, sind solche Menschen wertvoll.

Förderliche Bedingungen können sein:
- Respekt dem Wesen des Hochsensiblen gegenüber
- Offenheit auf beiden Seiten

Hinderliche Bedingungen können sein:
- Verschlossenheit und emotionale Härte
- Desinteresse (es soll alles sachlich zugehen)
- Stress

Kompensatorische Faktoren können entstanden sein durch:
- einen leidenden oder jammernden Elternteil
- die Übertragung der Verantwortung für das Wohlergehen der Eltern bereits im Kindesalter

DER WEG ZU SICH

Diese hier genannten Merkmale sind nur wenige Beispiele. Die kompensatorischen Aspekte können vielleicht in der beschriebenen Weise, aber auch anders oder überhaupt nicht auftreten. Nutzen Sie diese Auflistung als Anregung, Ihre individuellen Perlen zu entdecken und ihnen den gebührenden Platz in Ihrem Leben und Beruf einzuräumen. Üben Sie sich dabei bitte in Geduld, denn das menschliche Innenleben ist komplex und gibt nicht immer sofort alles preis. Hauptsache ist, Sie befinden sich auf dem Weg zu sich!

WENN DIE EIGENEN SOFT SKILLS BLOCKIERT SIND

Belastungen machen verletzlich

Soft Skills unterliegen bei Belastungen und Krisen genau den gleichen Empfindlichkeiten und Schwankungen wie alle anderen Fähigkeiten. Haben Sie heftigen Streit mit dem Partner? Sind Sie in Folge fahrig, vergessen Sie Dinge, zittern Ihre Hände oder fühlen Sie sich abgeschlagen? Sie werden schneller gereizt, sind innerlich abgelenkt, und Ihre Arbeitsergebnisse leiden? Ihre Konzentration und innere Sicherheit leiden unter dem Stress und beeinträchtigen Sie daher in Ihrem Wohlempfinden und Handeln. Kämpfen Sie mit tiefer liegenden Belastungen oder gar Traumata, dann sind die Auswirkungen in der Regel stärker.

Eines der häufigsten Belastungssymptome bei hochsensiblen Menschen ist die große Selbstunsicherheit. Sie führt dazu, sich selbst und vor allem die eigenen Qualitäten nicht wertzuschätzen und zu verdrängen. Zu früh und zu lange schon wurden die eigenen Fähigkeiten unterdrückt, weil sie vom Umfeld nicht gesehen, anerkannt oder gefördert wurden. Manchmal wissen die Betroffenen schon gar nicht mehr, dass sie die entsprechende Kompetenz überhaupt in sich tragen. In dem Fall sind die eigenen Soft Skills blockiert.

In der Beratung begleitete ich eine Weile eine Dame, die in ihrer Kindheit von ihren Eltern immer wieder zu hören bekommen hatte, dass sie nichts tauge und gefälligst einen handfesten Beruf erlernen solle – was sie auch tat. Ihre künstlerischen Fähigkeiten wurden weder geachtet noch gefördert. Selbst später konnte sie das Lob ihrer Freunde nicht annehmen, und so betätigte sie sich nur für sich selbst künstlerisch und zeigte ihre Werke lediglich wenigen Menschen, denen sie vertraute. Sie hielt sich für künstlerisch unbegabt, als sie zu mir kam. In den gemeinsamen Sitzungen näherte sie sich allmählich der Erkenntnis, dass sie doch eine Begabung in sich trage, die es auch wert war, sich allmählich im Außen zu zeigen.

Halten Sie sich bitte vor Augen, dass frühere psychische Verletzungen und Blockierung sich nur teilweise auf Ihr hochsensibles Wesen bezogen haben. Häufiger sind es generelle zwischenmenschliche Probleme, Alltagsstress und Unstimmigkeiten im Umfeld. Ein Kind jedoch bezieht die Reaktion der Umwelt immer auf sich selbst, auf sein Handeln und sein Wesen und erklärt sich daraus seinen eigenen Wert. Erfährt es viel Kritik und Ablehnung, wird der Selbstwert sinken.

Ein Kind bezieht die Reaktion der Umwelt immer auf sich selbst.

Wie bereits erwähnt sind die emotionalen Aspekte einer Verletzung ebenso schmerzhaft und zerstörerisch wie körperlicher und sexueller Missbrauch. Zunehmend hält diese Erkenntnis auch in Therapie und Medizin und somit auch in unserem Bewusstsein Einzug.

Wenn beispielsweise eine Bezugsperson das Kind im Trubel einer stressigen Situation anfährt oder übergeht, ist das für das Kind nicht schön, kann aber aufgelöst werden, wenn es anschließend zu spüren bekommt, dass die erwachsene Person sich ihm wieder offen, authentisch und liebevoll zuwendet. Hier meine ich jedoch nicht das

Verhalten, bei dem ständig ein Wechsel zwischen Ablehnung und Liebesbeweis stattfindet. Eine solche Handlungsweise verunsichert das Kind zutiefst und hinterlässt tiefe Spuren in der Seele.

Meine Mutter stand als voll Berufstätige alleinerziehend mit zwei Kindern permanent unter Stress. Der Alltag zu Hause war daher oft von Ärger und auch Gewalt geprägt. In meiner späteren Pubertät begann ich mich und meine Lebenssituation zu reflektieren. Ein Punkt, der mich stets verletzte, war, dass sich meine Mutter in Gesprächen und Konfrontationen niemals für das entschuldigte, was sie getan hatte. Nur ein einziges Mal! Und dieses eine Mal war für mich so versöhnend, so heilsam, dass ich das Gefühl dieser ehrlich gemeinten Entschuldigung und Entlastung, die das in mir auslöste, nie wieder vergessen habe.

Wir alle machen Fehler. Wir alle stehen hin und wieder unter Stress und handeln in solchen Situationen unbeherrscht und verletzend. Die Kunst jedoch ist es, dem anderen Menschen, egal wer er ist oder wie alt er ist, das eigene Bedauern darüber mitzuteilen und die Liebe, die dahinter liegt, wieder zu zeigen. Dann löst sich der ausgelöste Stress der Verletzung zumindest zu einem Teil wieder auf.

Aus Verletzungen stark hervorgehen

Für hochsensible Menschen gibt es einige Bereiche, die schneller als bei anderen Menschen verletzt werden können. Geschieht dies, reagiert der betreffende Mensch wie eine Muschel: Er verschließt sich und seine Schätze. Beginnen Sie nun dort, wo Sie verletzt wurden, Ihre Muschel langsam wieder zu öffnen, können auch Ihre Schätze wieder zutage treten. Gehen Sie auf Tauchstation zu Ihren Perlen!

Wenn Anderssein auf Ablehnung stößt

Viele hochsensible Kinder fühlen, und einige sagen es auch von sich, dass sie anders sind. Sie spüren, dass sie andere Bedürfnisse haben oder sich im Kontakt mit anderen Kindern oder Erwachsenen anders verhalten. Je nach Charakter nehmen sie sich mit ihren Eigenheiten zurück, wenn sie merken, dass sie auf Ablehnung oder Widerstand stoßen. Aber allein die Tatsache, sich mit dem eigenen Verhalten allein innerhalb einer Gruppe zu fühlen, reicht schon, um die eigenen Wesenszüge und Kompetenzen verdeckt zu halten. In meinem Buch „Hurra, ich bin hochsensibel! Und nun?“ erzähle ich von einem zweijährigen Mädchen, das in der Kitagruppe seine eigene Sprachgewandtheit verborgen hielt, einfach nur, weil die anderen Kinder noch nicht genauso weit waren.

Auch als erwachsener Mensch fühlen sie diese Unterschiede. Je nachdem, wie Sie als Kind mit dieser Unterschiedlichkeit umgegangen sind, werden Sie auch heute reagieren. Sind Sie eher ein forscher, konfrontativer Typ, werden Sie sich wahrscheinlich sagen, dass dann die anderen sehen müssen, wie sie mit Ihnen klarkommen. Als eher scheuer, stiller Typ neigen Sie wahrscheinlich dazu, auch weiterhin Ihr Wesen und Ihre Kompetenzen zurückzuhalten, um nicht aufzufallen oder für Unmut zu sorgen.

DIE EIGENEN QUALITÄTEN IM BLICK BEHALTEN

Behalten Sie immer im Auge: Hinter Ihrem Anderssein verbergen sich bestimmte Qualitäten wie beispielsweise eine erhöhte Wahrnehmung, ein unbeugsamer und kritischer Geist, ein innovativer Blick auf die Dinge sowie all jene Gaben, die aus Ihren speziellen Talenten und Motivationen erwachsen.

Wenn ein falsches Selbstbild entstanden ist

Wir Menschen spiegeln uns einander täglich, vom ersten Tag an. Bewusst und unbewusst geben wir unserem Gegenüber durch unsere Reaktionen auf ihn ein – natürlich vom eigenen Wesen – gefärbtes Spiegelbild. Ein Beispiel: Der Sohn hat irgendwann entdeckt, dass unterschiedliche Socken zu tragen hip ist. Die Eltern rümpfen die Nase und sagen: „Wie du wieder rumläufst!" Der elterliche Spiegel teilt dem pubertierenden Sohn also mit, dass er mit seinen verschiedenen Socken nicht in Ordnung ist.

Wenn Sie in jungen Jahren zu oft und zu lange in einen Zerrspiegel schauen mussten, beginnen Sie irgendwann zu glauben, dass das, was Sie im Spiegel erblicken, tatsächlich Sie selbst wären. Das Gefühl, dass das Spiegelbild nicht Ihnen entspricht, stellt sich leider erst langsam, manchmal erst nach vielen Jahren ein. Das Resultat ist eine verzerrte Identität. Die Psychologie spricht in diesem Fall vom „falschen Selbst". ROMPC®, eine integrative Stressbewältigungsmethode, sagt dazu: „Unser Selbstbild spiegelt das Bild, das die anderen von uns hatten."

Eine Auswirkung eines falschen Selbstbilds ist die mangelnde innere Orientierung. Was will ich? Was tut mir gut? Wo will ich hin? Wer das nicht weiß bzw. nicht mehr fühlen kann, trifft die falschen Entscheidungen für das eigene Leben und läuft den verkehrten Vorbildern hinterher.

Eine Auswirkung eines falschen Selbstbilds ist die mangelnde innere Orientierung.

Kennen Sie Derartiges aus Ihrem Leben? Fühlen Sie sich häufig unsicher in Ihren Entscheidungen, in Ihrem Empfinden, was Sie mögen und gut können, und ist Ihnen nicht klar, wer Sie sind und was Sie möchten? Wenn ja, ist Ihr Selbstbewusstsein mehr oder weniger stark angeschlagen.

Dies tritt leider bei vielen Hochsensiblen auf, denn diese Verzerrung beginnt meist sehr früh – wenn nicht schon im Elternhaus, dann doch zumindest in Kita und Schule. Daher ist es, sobald Sie Ihre Hochsensibilität erkannt haben, wichtig, Kontakt zu anderen Hochsensiblen zu suchen. In ihnen finden Sie, zumindest in den hochsensiblen Anteilen, passende Spiegel. Nun können Sie beginnen, sich und Ihr inneres Wesen besser zu erkennen und zu verstehen. Sollten Sie das Gefühl eines geringen Selbstwerts kennen, widmen Sie sich intensiv diesem Thema, denn Ihr Selbstwert ist Ihre Lebensbasis!

PRAKTISCHE ÜBUNGEN FÜR IHR SELBSTBEWUSSTSEIN I

Hier finden Sie einige Übungen, die Ihr Selbstbewusstsein stärken. Wählen Sie sie nach Ihrem Gefühl aus und wiederholen Sie sie so häufig, wie es Ihnen angenehm ist.

Es kann jedoch auch vorkommen, dass Ihr Selbstbewusstsein durch eine Traumatisierung so tief verunsichert ist, dass es professioneller Begleitung zur Stärkung bedarf. Scheuen Sie sich nicht, sich in diesem Fall Hilfe zu suchen!

1. Setzen oder legen Sie sich entspannt hin und schließen Sie die Augen. Beobachten Sie Ihren Atem, ohne ihn zu verändern. Verfolgen Sie das Ein- und Ausströmen und die Pause dazwischen. Nach einer Weile können Sie für einige Atemzüge Ihre Atmung bewusst vertiefen und die Pause dazwischen ein wenig verlängern und dabei beobachten, was sich in Ihnen verändert. Achten Sie darauf, dass Sie sich dabei weiterhin wohlfühlen. Nach einigen tiefen Atemzügen lassen Sie die Atmung sich wieder beruhigen und die Übung ausklingen.

2. Stellen Sie sich aufrecht hin, Ihre Füße maximal schulterbreit auseinander. Spüren Sie Ihren Körper für einen Moment in der Aufrechten. Beginnen Sie dann ganz langsam (!) Ihren Kopf auf die Brust sinken

zu lassen. Stellen Sie sich vor, er ist so schwer, dass er nach und nach weiter nach unten sinkt und sich Ihre Wirbelsäule Wirbel für Wirbel beginnt nach vorn zu beugen. Achten Sie darauf, dass Sie diese Bewegung wirklich langsam durchführen. Sollten Sie irgendwann an einen Punkt kommen, bei dem es schmerzt, verharren Sie kurz vor dem Schmerzpunkt einen Augenblick und bewegen Sie sich dann ganz langsam (!) wieder nach oben. Der Kopf ist das Letzte, was sich aufrichtet. Nehmen Sie sich nun wieder einen Moment der inneren Achtsamkeit und spüren Sie, wie sich Ihr Körper nun anfühlt. Bemerken Sie Unterschiede, so stellen Sie diese nur fest – bewerten Sie sie nicht und ändern Sie sie auch nicht.

3. Es gibt körperliche Stärkungspunkte für das Selbstbewusstsein. Im Alltag klopfen wir uns dafür in der Regel auf die Schulter, in der Stressbewältigungsmethode ROMPC® klopft man direkt unterhalb der Achselhöhlen rechts und links auf die Körperseiten. Sie können das auch bei sich selbst machen – probieren Sie aus, was Ihnen besser gefällt.

4. Bewegen Sie sich! Das können ein paar Übungen in der Wohnung sein, besser aber ist es draußen an der frischen Luft und wenn möglich in der Natur. Das schützt vor dem zermürbenden Gedankenkarussell und belebt all Ihre Zellen.

5. Wenn Sie es schaffen, lächeln Sie sich mindestens ein Mal pro Tag im Spiegel an. Öfter ist auch gestattet. Die Mutigen unter Ihnen können sich selbst mit jedem Lächeln auch gern ein Kompliment sagen, zum Beispiel: „Ich freu mich, dass ich heute dieses oder jenes erledigt habe" oder „Meine Augen gefallen mir." Aber überfordern Sie sich nicht. Die Unternehmerin Mary Kay fand in einer globalen Online-Umfrage im Jahr 2016 heraus, dass sich über 50 Prozent der Frauen zwischen 18 bis 44 Jahren nicht wohlfühlen, wenn sie ein Kompliment erhalten – verbessern Sie wenigstens Ihre eigene Statistik!

Wenn der Erwartungsdruck zu groß ist

Wir leben heute in einer Leistungsgesellschaft. Das bedeutet, dass der Leistungsbereitschaft ein hoher Wert beigemessen wird. Paradoxerweise erhält die tatsächlich erbrachte Leistung jedoch bei Weitem nicht immer die entsprechende Anerkennung. Dies sorgt für ein sehr ungesundes Ungleichgewicht und löst bei vielen Menschen Irritation, Desorientierung und Frustration aus.

Sie als hochsensibler Mensch tragen in der Regel eine hohe Leistungsbereitschaft in sich, die unter anderem auch mit Verantwortungsgefühl und Perfektionismus einhergeht. Allerdings nur dann, wenn der Bereich, in dem Sie Leistung erbringen wollen oder sollen, auch mit Ihrer inneren Ausrichtung und Motivation übereinstimmt. Da dies leider nicht immer der Fall ist, kommt es zu Druck und Erwartungen an Sie, die Sie in der Form nicht erfüllen können oder wollen.

Zum Beispiel: Sie sind Lehrerin oder Dozent. Ihr bisheriger Arbeitsinhalt und -umfang hat Sie befriedigt und ausgefüllt. Nun ist ein Kollege plötzlich aus Krankheitsgründen längerfristig ausgefallen. Ihre fachlichen Kompetenzen sind nicht wirklich dazu geeignet, den Kollegen zu ersetzen, aber es wird der Wunsch an Sie herangetragen, einen Teil der Stunden des Kollegen zu übernehmen. Sie könnten natürlich Nein sagen, aber sehr häufig fällt das Hochsensiblen sehr schwer. Nein zu sagen hieße, sich der sozial erwünschten Situation zu entziehen, sich nicht anzupassen, und damit steigt die Gefahr der Ablehnung und Isolation. Vielleicht könnten Sie aber auch die notgedrungene Erweiterung Ihres Aufgabenbereichs als indirektes Lob verstehen und sich in Ihrem sozialen Status bestätigt fühlen?

Sie ringen mit sich, spüren jedoch, dass die Übernahme der Stunden von Ihnen schlichtweg erwartet wird. Zähneknirschend ergeben Sie sich der Erwartung und dem Druck der Schulleitung und arbeiten sich in das fremde Metier ein. Ihre Unzufriedenheit wächst, im Laufe der Zeit nehmen Erschöpfungszustände zu. (Natürlich kann auch das Gegenteil eintreten und Sie erleben einen Aufschwung, weil Sie durch die neue Aufgabe wider Erwarten doch angeregt wurden oder sich erweitert fühlen. Aber an dieser Stelle des Buches geht es ja um die Blockierung Ihrer Kompetenzen.)

Ihre Arbeitssituation hat bis zu dem Moment des Ausfalls Ihres Kollegen inhaltlich gut zu Ihnen gepasst und Ihnen keine Probleme bereitet. Durch die Veränderung kam Ihre innere Ausgewogenheit ins Ungleichgewicht. Ihre Unzufriedenheit deswegen und die zunehmende körperliche Belastung wird möglicherweise als abnehmende Leistungsbereitschaft fehlinterpretiert. Das macht deutlich, wie wichtig es ist, dass Ihre Aufgaben gut zu Ihren Fähigkeiten und Ihrem Wesen passen sollten.

Ausnahmen bestätigen die Regel, sollten als Ausnahmen aber auch unbedingt kommuniziert werden. Andererseits ist äußerer Druck generell ein empfindliches Thema für Feinfühlige. Häufig existiert bereits durch die eigenen inneren Ansprüche so viel Druck, dass Druck von außen schnell das Fass zum Überlaufen bringt.

DEN EIGENEN LEISTUNGSSPIELRAUM KENNEN

Werden Sie sich darüber klar, in welchen Bereichen und in welcher Form Sie wirklich leistungsbereit sind. Ihr Passfenster als hochsensibler Mensch ist schmaler als das Normalsensibler gebaut, dies sollten Sie respektieren. Das bedeutet nicht, dass Sie nicht auch hin und wieder Ihre eigenen Grenzen überschreiten. Es ist sogar wichtig, aber eben in Maßen und möglichst bewusst.

Je mehr Sie Ihren Leistungsspielraum kennen, umso besser können Sie damit umgehen und ihn auch nach außen repräsentieren. Dann wird die Kompetenz Ihrer Leistungsfähigkeit sichtbar – dort, wo es für *Sie* stimmt.

PRAKTISCHE ÜBUNGEN FÜR IHR SELBSTBEWUSSTSEIN II

Es gibt vieles, was Sie tun können, um Ihrem Selbstbewusstsein auf die Sprünge zu helfen. Suchen Sie sich aus, was am besten zu Ihnen oder zu Ihrer momentanen Lebenssituation passt.

1. Ziehen Sie am Tagesende Bilanz: Halten Sie sich vor Augen, was Ihnen gutgetan, was Ihnen an sich selbst gefallen hat oder was Ihnen in Ihren Augen gut gelungen ist. Wenn Sie mögen, legen Sie sich ein „Heft der schönen Momente" zu. Schreiben Sie Ihre Selbstbeobachtungen hinein. Manche nutzen dafür auch ihr Handy, aber prüfen Sie für sich, ob Sie solch private Notizen wirklich dort speichern möchten. Schreiben Sie möglichst jeden Tag wenigstens eine Sache auf, die Sie für Ihr Empfinden gut gemacht haben, oder eine Situation, in der Sie sich wohlgefühlt haben. Am Ende der Woche lesen Sie – bitte nicht früher! –, was Sie notiert haben.

2. Tun Sie etwas, das Sie aufbaut oder das Sie verbessern möchten. Gehen Sie spazieren, machen Sie Sport, lesen Sie, gehen Sie schwimmen, treffen Sie sich mit einer Freundin oder einem Freund, gehen Sie ins Theater. Wenn Ihnen nichts einfällt, was Ihnen guttun könnte, beginnen Sie mit den Bewegungen der Körperübungen aus dem Kasten „Praktische Übungen für Ihr Selbstbewusstsein I". Meist führt zu wenig Bewegung – und davon haben wir alle zu viel! – zu Einschränkungen im Selbstempfinden, Denken und Handeln. Brechen Sie diesen Teufelskreis auf und beginnen Sie, selbst gut für sich zu sorgen.

3. Tun Sie etwas, das Sie sich sonst nicht trauen oder vermeiden: aufstehen, wenn Ihnen der Geruch in der Bahn zu unangenehm ist, oder bei Veranstaltungen in der ersten Reihe sitzen. Sprechen Sie fremde Menschen wegen der Uhrzeit oder dem Weg an, bitten Sie in der Supermarktschlange, vorgelassen zu werden. Damit dehnen Sie die Grenzen Ihrer Gewohnheiten und Komfortzone aus. Das führt zu einem größeren Aktionsradius und mehr Selbstsicherheit.

4. Beobachten Sie Ihr Jammer-Verhalten und verabschieden Sie sich davon. Jammern zieht jeden runter und macht Sie selbst schlecht, selbst wenn Sie über jemand anderen jammern. Lassen Sie es einfach sein. Da das leider nicht ganz so einfach geht, finden Sie in Will Bowens Buch „Einwandfrei" (siehe Literaturliste) wertvolle Anregungen. Hilfreich für diesen Prozess kann auch ein 30 Zentimeter langer Streifen sein, den Sie zusammengerollt bei sich tragen können. Markieren Sie auf diesem Streifen die ersten zehn Zentimeter in grüner, die zweiten in gelber und die dritten zehn Zentimeter in roter Farbe und versehen Sie jeden Zentimeter mit einem Strich. Bei jedem Jammern, dass Sie bei sich erkennen, schneiden oder reißen Sie einen Zentimeter ab, beginnend im grünen Bereich. Ab dem gelben Bereich sollten Sie achtsam(er) werden.

5. Machen Sie Fehler! Beginnen Sie mit kleinen, absichtlichen Fehlern, über die Sie und vielleicht auch Ihre Angehörigen oder Freunde lachen können. Üben Sie, sich dabei zu entspannen und die Sache leichter zu nehmen. Nach und nach erweitern Sie Ihren Fehlerspielraum und beobachten sich dabei. Wann vergeht Ihnen der Spaß, und bis wohin können Sie Ihr „Fehlverhalten" ausdehnen? Hochsensible sind es gewohnt, sich anzupassen, um nicht noch mehr als sowieso schon aus dem Rahmen zu fallen. Fehler sind dabei kontraproduktiv und werden tunlichst vermieden. Damit vermeiden Sie aber auch Kreativität und Lebendigkeit, und somit sinkt das Selbstbewusstsein.

6. Betreten Sie einen Raum und suchen Sie – absichtlich – umgehend nach Gründen, sich dort wohlzufühlen. Das kann eine Ähnlichkeit zu anderen Orten sein, ein Geruch, Licht, bestimmte Gegenstände oder Bilder. Sagen Sie sich selbst, was genau in dieser Situation gerade das ist, was Sie sich gut fühlen lässt. So fokussieren Sie Ihre Empfindungen auf etwas Positives. Auch das steigert auf die Dauer Ihr Selbstwertgefühl.

Wenn die Arbeit im Team schwerfällt

Teamplayer sind gefragt. Im Beruf sollte man kommunikativ, kooperativ, aufgeschlossen und offen mit sich, der Arbeit und vor allem den Kollegen umgehen. Viele Menschen können dies auch gut. Auch Hochsensible – aber nicht immer! Einer eingeschränkten Teamfähigkeit können zwei Ursachen zugrunde liegen:

1. Die erste Schwierigkeit ist relativ leicht zu erkennen und zu beheben. Es sind einfach zu viele Menschen im Team oder Teamsituationen treten zu häufig auf, zum Beispiel im Großraumbüro. Auf Sie strömen zu viele Reize ein, die Sie nicht in dem Umfang und vielleicht auch nicht in der zur Verfügung stehenden Zeit verarbeiten können. Die Lösung ist recht einfach: weniger Team, kleineres Team, mehr Zeiten der Einzelarbeit. Dann wird Ihr System nicht so stark überreizt bzw. Sie haben Phasen, in denen Ihr System etwas reizentspannter arbeiten kann. So pragmatisch die Lösung ist, so schwierig gestaltet sich die Umsetzung leider häufig im Alltag. Hier sind Ihre Kreativität, Ihr Mut, Ihr Durchsetzungsvermögen und Ihre Geduld gefragt, immer wieder für Ihre eigenen Bedürfnisse einzustehen. Und: Ich möchte darauf hinweisen, dass das Bedürfnis nach sozialen Kontakten auch unter Hochsensiblen unterschiedlich intensiv ausgeprägt sein kann. Nicht jeder Feinfühlige, der Kontakte meidet, hat ein psychologisches oder medizinisches Problem. Es ist also ratsam, dieses Thema achtsam zu beleuchten.

2. Anders sieht es aus, wenn Sie durch zu starke Verletzungen im Laufe Ihres Lebens eine Kontaktscheu oder gar eine soziale Phobie entwickelt haben. Ich benutze diesen stigmatisierenden Begriff nur sehr ungern, aber da er in den letzten Jahren immer geläufiger wurde, möchte ich mit seiner Erwähnung hier eine mögliche Parallele zum Thema der Hochsensibilität aufzeigen.

Nach außen hin mögen Sie den Eindruck erwecken, nicht teamfähig zu sein, aber innerlich sind Sie vielleicht verzweifelt, weil Sie eigentlich gern im Team und mit anderen Menschen arbeiten, es aber immer nicht funktioniert. Sollten Ihre Unsicherheiten oder Ängste vor sozialen Kontakten und in Gruppen so groß sein, dass Sie in Ihrem täglichen Leben blockiert und eingeschränkt wirken, ist eine bewusste Auseinandersetzung mit diesem Thema nicht nur sinnvoll, sondern nötig. Wie bei allen Problemen mit tiefer liegenden Ursachen scheuen Sie sich nicht, sich dafür professionelle Hilfe zu holen. Seien Sie es sich wert!

SPIELERISCH DIE KOMFORTZONE ERWEITERN

Finden Sie heraus, was mögliche Gründe für Ihre Scheu vor anderen Menschen und Gruppen sein könnten. Sind es die vielen Reize, dann experimentieren Sie mit Situationen am Rande Ihres Wohlempfindens. Schaffen Sie sich zu Beginn kleine und „ungefährliche" Übungsfelder, vielleicht im Rahmen Ihrer Familie oder Freunde. Treffen Sie sich nicht für einen ganzen Abend mit ihnen, sondern nur für ein oder zwei Stunden. Sprechen Sie Fremde kurz an oder stellen sich zu einem Kollegengespräch dazu, auch wenn Sie in dem Moment noch nicht wissen, was Sie dazu beitragen wollen oder können. Öfter als wir denken ist es eine Frage der Gewohnheit, empfundene Einschränkungen zu überwinden.

Wenn das Bauchgefühl verschüttet ist

Haben Sie als Kind hin und wieder gespürt, dass etwas Ungewöhnliches passieren würde? Hatten Sie schneller als andere eine Ahnung, was jetzt erforderlich wäre? Hochsensible verfügen oftmals über ein gutes Bauchgefühl, über eine gute Anbindung an ihr Unbewusstes bzw. an „vorbewusstes" Wissen. Aber auch diese Kompetenz ist leider allzu oft verschüttet, da sie als Kind in ihren entsprechenden Wahrnehmungen und Äußerungen nicht ernst genommen und vielleicht verlacht wurden.

Nun, da Sie Ihre Veranlagung erkannt haben und sich auf den Weg machen, Ihre speziellen Fähigkeiten wieder ans Tageslicht zu holen, braucht es Ihren Mut und Ihr Vertrauen zu sich selbst. Glauben Sie nicht mehr den alten Dämonen in Ihnen, die Ihnen Vergangenes vorgaukeln und Sie glauben machen, dass gar nicht stimmt, was Sie spüren!

Intuition ist eine zarte Pflanze und bedarf der achtsamen und sanften Pflege Ihrerseits. Sorgen Sie für neue, positive Erfahrungen im Kontakt mit Menschen, die um Ihr Wesen wissen und Sie so annehmen, wie Sie sind. Es bedarf ein wenig der Übung, aber Sie werden bald merken, dass Sie wieder an Sicherheit in Ihrer Wahrnehmung gewinnen. Je stärker dieses Gefühl wird, umso mehr können Sie diese Gabe wieder zu Ihren speziellen hochsensiblen Perlen zählen.

Um Ihre speziellen Fähigkeiten wieder ans Tageslicht zu holen, braucht es Vertrauen und Mut.

Dies sind nur einige Kompetenzen, die aufgrund ungünstiger Lebenserfahrungen blockiert sein können. Falls Sie in Ihrem Leben mit anderen Themen zu kämpfen haben, die hier nicht dargestellt sind, können Sie die Herangehensweise und Fragestellungen übertragen, um Ihre eigenen individuellen Lösungen zu entwickeln.

Wenn Geld einen belastenden Stellenwert einnimmt

Sicherlich gäbe es zu diesem Thema viel zu sagen, denn viele Hochsensible hadern mit dem Thema Geld, aber das würde den Rahmen dieses Buches sprengen. Da Geld aber gerade, was das Berufsleben betrifft, kein unerheblicher Faktor ist, möchte ich es hier nicht unerwähnt lassen.

Ursprünglich ersetzte Geld den Tauschhandel. Bevor es Geld gab, wurde beispielsweise eine Ziege gegen vier Hühner getauscht, man bestimmte also selbst, was einem die Dinge wert waren. Die Tauschgegenstände waren immer konkret und greifbar. Mit der Erfindung des Geldes änderte sich das. Geld ist ein abstraktes Zahlungsmittel, es nimmt stellvertretend den Wert des Tauschobjekts ein. Was oder wie viel wir für unser Geld bekommen, bestimmen wir heute nur noch dann selbst, wenn wir etwas Eigenes verkaufen. Geld hat inzwischen einen völlig eigenen Wert bekommen, ganz unabhängig von tauschbarer Ware. Dem Besitz des Geldes wird oft ungleich viel mehr Wert zugeschrieben, als es im direkten Tausch für eine Ware oder Dienstleistung wert wäre.

Der springende Punkt ist nun: Wie viel Wert wollen wir Geld tatsächlich beimessen? Welchen Wert messen *Sie* Geld bei? Ist es für Sie ein notwendiges Übel oder eine erstrebenswerte Sache? Unsere Einstellung dazu prägt unseren Umgang mit Geld, manchmal so weit, dass wir sogar uns selbst vom Geld prägen lassen.

Das führt zu der Frage nach Ihrem eigenen Wert. Wie viel sind Sie sich wert? Oder anders gefragt: Als wie wertvoll empfinden Sie sich selbst? Ihr eigener Wert ist sozusagen die einzutauschende Ware. Es ist ein Thema, das bei vielen Hochsensiblen einen wunden Punkt darstellt. Sie umgehen das Thema Geld lieber, um sich nicht mit ihrem eigenen Wertempfinden auseinandersetzen zu müssen: Wenn Geld für die eigene Wertigkeit steht, wie können Sie dann ein positives Verhältnis dazu erlangen, wenn Sie sich selbst nicht für wertvoll erachten?

Wenn Geld in Ihrem Leben einen belastenden Stellenwert einnimmt, wenden Sie sich Ihrem eigenen Selbstwertgefühl zu. Prüfen Sie Ihre Einstellung zu sich selbst und lernen Sie, sich wertzuschätzen. Dies können Sie durch einen bewussten Blick auf Ihre Gaben oder durch die Übungen in den beiden vorangegangenen Kästen tun.

SOFT SKILLS SIND DIE QUALIFIKATIONEN DER ZUKUNFT

Soft Skills für die Berufswelt von morgen

Jeder Wandel bringt Veränderungen mit sich. Altes verabschiedet sich, Neues wird geboren. Dieser Prozess sorgt meist für Verunsicherung, mangelnde Orientierung und das Bedürfnis nach mehr Sicherheit. In diesen Zeiten sind wir alle gefragt, uns dem Unbekannten zu öffnen, ohne dass wir sicher sein können, was es in sich trägt – wie das Sprichwort so schön sagt: „Nichts ist sicher, außer, dass nichts sicher ist!" Diese Haltung fällt vielen Menschen schwer, und so kommt es häufig zur Ablehnung oder sogar Anfeindung des Neuen, weil man versucht, den alten Zustand zu verteidigen und zu bewahren.

Dennoch, so wie ein kleines Blümchen auf dem rissig gewordenen Asphalt drängt die Veränderung und alles, was sie mit sich bringt, ans Licht. Wandel lässt sich nicht aufhalten, denn er ist die Natur des Lebens. Auch vor der Berufswelt macht er nicht halt. Gerade die letzten Jahrzehnte waren rasanten und vielfältigen Umwälzungen unterworfen. Ein Ende ist noch nicht in Sicht, und so ist es nur selbstverständlich, dass auch die Erfordernisse an die arbeitenden Menschen sich ebenfalls stetig verändern.

Um diesen Veränderungen gewachsen zu sein, brauchen wir bestimmte persönliche Kompetenzen, ebenso wie wir zur Bewältigung neuer beruflicher Felder neue Hard- und Soft Skills benötigen. Waren vor einigen Jahren persönliche und soziale Schlüsselqualitäten wie Belastbarkeit oder Zielstrebigkeit gefragt, rücken heute Fähigkeiten wie Empathie, Achtsamkeit oder die Resilienz ins Zentrum unserer Aufmerksamkeit. Im Arbeitsmarkt verlagert sich der Schwerpunkt allmählich von einer Produktions- und Konsumgesellschaft hin zu einer Dienstleistungsgesellschaft. Allerdings vollzieht sich dieser Wandel sehr langsam, denn der Druck des Alten und die Widerstände gegen Neuerungen sind groß. Nichtsdestotrotz sind die Anzeichen sichtbar. Auch in der Wirtschaft hat ein Umdenken bereits begonnen. So ist es sinnvoll zu überlegen, welche Soft Skills konkret zukünftig eine Rolle spielen werden und inwieweit sie dem Wesen hochsensibler Menschen entgegenkommen.

Wie ein kleines Blümchen auf dem rissig gewordenen Asphalt drängt die Veränderung ans Licht.

Die emotionale Intelligenz

Schon eine ganze Weile wissen wir durch die neuere Hirnforschung, dass es weder die reine Intelligenzbestie noch der Fachidiot sind, der die besten Ergebnisse erzielt. Die beiden sind mitnichten automatisch die gefragtesten Mitarbeiter, denn es fehlen ihnen unter Umständen wesentliche Qualitäten im zwischenmenschlichen Bereich.

Emotionen sind heute nicht mehr unerwünschte Begleiterscheinungen, sondern vielmehr zentrale Impulsgeber für Handlungen. Vor allem die Entscheidungsfindung hängt ganz wesentlich von den Gefühlen ab, die sie begleiten. Das Herz spricht mit! Dieses Phänomen wird in der Psychologie als Emotionale Intelligenz oder

Emotionaler Quotient, EQ, bezeichnet und bildet das Gegenstück zum allseits bekannten (aber auch nicht unumstrittenen) Intelligenzquotienten, dem IQ. Mittlerweile ist auch in weiten Teilen der Wirtschaft dieses Wissen angekommen. Beispielsweise wird dieser Tatsache in Assessment-Centern und der Teamfindung vielmehr Rechnung getragen als früher. Aber was ist der EQ eigentlich?

Was ist der EQ?

Emotionale Intelligenz ist die Fähigkeit, eigene und fremde Gefühle korrekt zu erkennen, zu verstehen und konstruktiv zu beeinflussen. Geprägt haben diesen Begriff die Psychologen John D. Mayer und Peter Salovey in den 1990er-Jahren.

Ihr Vermögen, die schlechte Laune der Nachbarin zu erkennen und zu entscheiden, ob Sie sie und mit welchen Worten Sie sie wieder aufmuntern können, ist auf Ihre emotionale Intelligenz zurückzuführen. Ebenso zählt zu dieser Kompetenz, wenn Sie nach einem Vorstellungsgespräch nachspüren, ob der Job wirklich der richtige für Sie ist. Zwar machen Sie vielleicht eine Pro-und-Contra-Liste, aber die beruhigt bestenfalls Ihren Verstand – letztlich entscheidet doch der Bauch und somit Ihre emotionale Intelligenz.

Hochsensible und der EQ

Es liegt auf der Hand, dass Hochsensiblen diese Fähigkeit im Blut liegt, zumindest wenn es darum geht, emotionale Zustände zu erkennen und zu verstehen. Inwieweit sie daraus tragbare Handlungskonsequenzen ziehen oder welche das sein könnten, hängt letztlich von ihrer sensorischen und emotionalen Belastung ab.

Als hochsensible Person nehmen Sie die Stimmungen und Gefühle Ihres Gegenübers frühzeitig und deutlich wahr. Allerdings sind Sie schnell verunsichert, wie Sie damit umgehen sollen. Die wiederholten Ermahnungen aus Kindheitstagen, sich nicht als so „weinerlich“, „sensibel“ oder „schwächlich“ zu zeigen, haben Sie verletzt, und als Reaktion darauf zeigen Sie Ihre empfindsame Seite nicht mehr. Dies blockiert möglicherweise Ihre Reaktions- und Handlungsmöglichkeiten und somit Ihre emotionale Intelligenz.

Als hochsensible Person nehmen Sie die Stimmungen und Gefühle Ihres Gegenübers frühzeitig und deutlich wahr.

HANDLUNGSKOMPETENZEN ERWEITERN

Werden Sie sich Ihrer weichen, emotionalen Seiten und der darin liegenden Kraft bewusst. Dies gelingt am besten im Achtsamkeitstraining, in Gesprächen mit Menschen, die Sie schätzen und die Ihre sensiblen Seiten kennen, sowie im Kontakt mit anderen Hochsensiblen.

Um Ihre Handlungskompetenzen zu erweitern, beginnen Sie, Ihren Impulsen zu vertrauen und zu folgen. Wenn Sie beispielsweise spüren, dass Sie in einer bestimmten Situation Ihrem Gesprächspartner die Hand auf dem Arm legen oder ihn vielleicht sogar umarmen wollen, dann tun Sie es. Wenn es sich um eine Situation handelt, in die Sie sich sonst immer gefügt haben, dann nehmen Sie Ihre innere Abwehr dagegen wahr und überlegen Sie, welche Form eines Neins für Sie in diesem Moment umsetzbar ist. Das kann ein Schweigen sein, ein Hinausgehen oder auch lautstarker Widerspruch.

Überfordern Sie sich aber nicht gleich und dosieren Sie Ihre Handlungen achtsam, denn Sie sind noch ungewohnt.

EQ im Arbeitsalltag – ja oder nein?

Spätestens seit den Erkenntnissen des Neurologen Antonio Damásio wissen wir, welch große Rolle Gefühle und Emotionen in all unseren Entscheidungsprozessen spielen. Dennoch herrscht immer noch die Meinung vor, nur ein rational gefällter, also möglichst gefühlsfrei vollzogener Entschluss sei eine gute und vor allem tragfähige Entscheidung. Aber auch hier wandeln sich die Dinge, und es mehren sich die Menschen und Führungskräfte, die die Kraft und Qualität emotional untermauerter Beschlüsse, Handlungen und Situationen erkennen und vor allem zu schätzen wissen. So ist es sehr hilfreich, auf ein emotional geklärtes Klima im Team zu achten, intuitive Vorlieben oder Ablehnungen ernst zu nehmen und die Qualität emotional gefärbter Kommunikation zum Beispiel durch Kommunikationstrainings zu erhöhen.

Für die Zukunft bedeutet dies, dass wir in beruflichen Kontexten mehr Menschen brauchen, die in ihren emotionalen Kompetenzen sicher und versiert sind, die auf Schwachstellen hinweisen und adäquate Lösungen umsetzen können. An dieser Stelle kommen wieder die Hochsensiblen ins Spiel. Sie bringen mit, was andere sich möglicherweise erst nach und nach aneignen müssen und dann vielleicht nicht mit der gleichen Leichtigkeit, Tiefe und Intensität eines feinfühligen Menschen anwenden können. Warum also nicht gleich gezielt nach den verborgenen Perlen unserer Gesellschaft Ausschau halten, die den EQ quasi in die Wiege gelegt bekommen haben?

Gelassenheit

Im Laufe eines Arbeitstages gibt es in der Regel viele kleine und hin und wieder auch größere Störungen und Unannehmlichkeiten. Ob nun Ihre Kollegin zu laut telefoniert, ob der Kopierer Streifen statt Diagramme produziert, ob Ihr Vorgesetzter Ihre Unterlagen nur zur Hälfte gesichtet hat und Sie nun der Untätigkeit bezichtigt oder ob der Hausmeister den Stopper der Eingangstür immer noch nicht repariert hat und die Tür nach wie vor mit voller Wucht ins Schloss fällt – all das ist ärgerlich und kann den empfindsamen Arbeitsfluss Hochsensibler schnell stören, aber Sie können es nicht sofort oder vielleicht überhaupt nicht ändern. Dann ist Gelassenheit gefragt. Der amerikanische Theologe Reinhold Niebuhr brachte das einst in seinem sogenannten Gelassenheitsgebet sehr schön auf den Punkt:

„Gott, gib mir die Gelassenheit, Dinge hinzunehmen, die ich nicht ändern kann, den Mut, Dinge zu ändern, die ich ändern kann, und die Weisheit, das eine vom anderen zu unterscheiden."

Ich bekam zu diesem Thema in meiner Rhythmusausbildung bei dem TaKeTiNa-Erfinder Reinhard Flatischler eine Lektion, die ich nie wieder vergessen habe. Unsere Ausbildungsgruppe umfasste 40 Teilnehmer. Wir alle standen bei wunderbarem Sommerwetter in einem Kreis auf einer großen Wiese der Bildungsstätte direkt am See. Rechts und links schmiegten sich Privatgrundstücke an das Ufer. Jeder von uns hatte ein Berimbau in der Hand. Der Berimbau ist ein afro-brasilianisches Ein-Saiten-Instrument. Er sieht aus wie ein Flitzebogen, hat einen ausgehöhlten Kürbis als Klangkörper am Stab befestigt und wird mit einem dünnen Stöckchen angeschlagen. Der Klang ist ein wenig metallisch und nicht allzu laut. In der Mitte des Kreises stand Reinhards Kollegin und spielte auf der Surdo, der Basstrommel, den Grundbeat für die Gruppe. So standen wir, 40 Leute, alle auf ihren Berimbaus spielend und mit den meditativen Gesangsübungen beschäftigt, als plötzlich die Polizei erschien.

Für gewöhnlich sorgt das Erscheinen der Polizei für Unruhe, Aufregung und Abbruch der aktuellen Tätigkeit. Nicht so in dieser Situation. Reinhard gab uns Zeichen, weiterzuspielen. 40 Berimbaus, eine Basstrommel und 41 Stimmen sorgten weiterhin für eine beruhigende klangliche Untermalung der Verhandlung, die Reinhard nun mit der Polizei führte. Für mich war diese Situation äußerst spannend, denn eigentlich hätte ich gerne aufgehört zu spielen und neugierig den Verhandlungen gelauscht. Stattdessen löste das Weiterspielen und das Bleiben in der musikalischen Konzentration eine Verringerung der Irritation in mir aus. Nach einer kleinen Weile war das Gespräch mit der Polizei beendet und unser Unterricht ging weiter wie zuvor. Kein Abbruch, keine Aufregung. Was Reinhard und die Polizisten ausgehandelt hatten, spielte keine Rolle mehr.

Was ist Gelassenheit?

Gelassenheit ist die Form, wie Sie schwierige Situationen annehmen und sich ihnen stellen. Gelassenheit ist die Fähigkeit, herausfordernden Momenten oder Zeiten mit einer inneren Ruhe, mit Gleichmut und einer gewissen Unvoreingenommenheit zu begegnen: „Erst einmal sehen, was jetzt geschieht!“

Im Gegensatz zur Besonnenheit, die eher auf Handlungen zielt, beschreibt die Gelassenheit zunächst den emotionalen Aspekt Ihrer Umgangsweise mit einer kritischen Situation.

Hochsensible und Gelassenheit

Gerade introvertierte Hochsensible neigen stärker zu einer gelassenen Haltung in schwierigen Situationen – so wirkt es zumindest, denn äußerlich lassen sie sich nichts anmerken. Die Veranlagung zum „Erst beobachten, dann handeln“ führt zu einer von außen gesehen ruhigen Haltung, aber innen brodelt es. Häufig bekam ich zu hören: „Du wirkst immer so ruhig und gelassen.“ Ich war darüber stets sehr verwundert, weil sich in mir Fragen, Überlegungen, Sorgen, Visionen und unendlich viele Für und Wider tummelten, kein wirklich gelassener Zustand. Inzwischen haben mir viele andere hochsensible Menschen ähnliche Beobachtungen bestätigt.

Auch als feinfühliger Mensch können Sie Gelassenheit leben.

Bedeutet dies aber nun, dass Sie als feinfühliger Mensch keine Gelassenheit leben können? Nein, denn das können Sie sehr wohl, aber es bedarf bestimmter bewusster Schritte für Sie, dorthin zu gelangen.

GELASSENHEIT LEBEN

- Werden Sie sich Ihres regen Innenlebens bewusst. Diese innere Aktivität ist wichtig und nützlich, aber manchmal lenkt sie ab und verselbstständigt sich. Sich über eine Sache bewusst zu werden, schafft bereits einen gewissen Abstand zu ihr und innere Ruhe.
- Entscheiden Sie sich dafür, eine Entspannungstechnik (Meditation, Achtsamkeit, autogenes Training) zu erlernen und zu praktizieren, um Ihr reges Innenleben absichtlich zu beruhigen. Von selbst wird es das nicht tun, da die neuronale Aktivität im hochsensiblen System auf „Dauerbetrieb“ geschaltet ist. Sie müssen schon selber ab und zu den Ausknopf drücken. Er startet von ganz alleine wieder – bei der nächsten Reizwahrnehmung.

- Üben Sie sich bewusst in Gelassenheit. Beginnen Sie, Ihren galoppierenden Gedanken Einhalt zu gebieten. Sie haben die Kraft und die Kompetenzen dafür! Ihre Fähigkeit, Situationen auf der Metaebene zu erfassen und zu analysieren, erleichtert Ihnen den distanzierten Blick.
- Nutzen Sie bewusst die Möglichkeit einer gelassenen Haltung, um sich selbst als hochsensibler Mensch nicht zu überreizen und gleichzeitig Raum für Ihre anderen Kompetenzen zu schaffen und sich auszubreiten.

Es gibt noch einen weiteren Aspekt zum Thema Gelassenheit und Hochsensibilität. In der Gelassenheit liegt auch der Überblick, das Aufnehmen des großen Ganzen. Dies wiederum liegt Ihnen als feinfühligem Menschen sehr, da Sie die Veranlagung haben, große Informationsmengen aufnehmen und verarbeiten zu können. Das Vertrauen, das im Empfinden der Gelassenheit erforderlich ist, gewinnen Sie durch Ihren Überblick auf die Gesamtheit einer Situation. Das mag nicht immer und nicht für jeden Hochsensiblen in gleicher Intensität gelten, es kann aber zu einer stabilen Kompetenz werden, wenn Sie die jeweilige Situation aus einer Art Helikopterperspektive heraus beleuchten: Wenn Sie die Dinge „von oben", mit einem gewissen Abstand betrachten, sind Sie schon nicht mehr so nah dran und können gelassener reagieren.

Gelassenheit im Arbeitsalltag – effizient oder nicht?

Schneller, höher, weiter – so lautete die Devise der letzten Jahrzehnte. Die Erschöpfung natürlicher und auch menschlicher Ressourcen ist das Ergebnis. Das bedeutet: Wollen wir unsere Welt und uns als Lebewesen erhalten, brauchen wir nicht nur ein radikales

Umdenken, sondern auch ein neues Verhaltensrepertoire. Gelassenheit ist ein Element davon.

Ich machte in meiner beruflichen Entwicklung vor vielen Jahren einen kleinen Ausflug in die Versicherungsbranche. Wir lernten, die potenziellen Kunden beim Beratungsgespräch derart unter Druck zu setzen, dass sie sich möglichst am gleichen Tag zur Unterschrift entschieden. Diese Methode war letztlich für mich der Auslöser, meine Tätigkeit dort wieder zu beenden.

Inzwischen ist es wissenschaftlich hinreichend belegt, dass wir Menschen unter Druck, vorzugsweise Druck von außen, mit Stress reagieren, der wiederum die Funktionen im Frontalhirn blockiert: Denken und soziales Handeln ist dann beeinträchtigt. Das Gegenteil davon ist die Gelassenheit. Würden wir auf Entscheidungs- und Entwicklungsprozesse im beruflichen Kontext mit mehr Ruhe und Gelassenheit blicken, wären wir in der Lage, Begleit- oder Hintergrundinformationen mit einzubeziehen, die oft verloren gehen, was in der Folge zu kurzfristigen Lösungen führt. Druck erzeugt einen Tunnelblick, Gelassenheit den weiten Überblick. Um unsere Zukunft wieder ressourcenorientiert zu gestalten, brauchen wir diesen weiten Blick und mit ihm die Menschen, die ihn als Teil ihres Wesens in sich tragen.

Um unsere Zukunft ressourcenorientiert zu gestalten, brauchen wir einen weiten Blick.

Wenn wir es schaffen, mehr dieser Haltung im Alltag und am Arbeitsplatz umzusetzen, gäbe es so manche übereilte und wenig tragfähige Entscheidung nicht. Gelassenheit gewährt unserem Unbewussten mehr Raum, in dem wir es wahrnehmen und seine kreativen Impulse nutzen können. Immer mehr Menschen erkennen dies und ändern ihr Verhalten entsprechend.

Resilienz

Sie und Ihre beste Freundin unternehmen eine Reise, vielleicht in die Berge, vielleicht an die See. Sie fahren mit dem Wagen auf der Autobahn, als vor Ihnen plötzlich ein Laster ins Schlingern gerät, über die Fahrspuren hinweg ausschert, in mehrere Autos kracht, um schlussendlich auf der Seite liegend noch etliche Meter über die Autobahn zu rutschen und weitere Wagen in den Crash mit hineinzuziehen. Sie sind gerade noch so dem Desaster entkommen, da Sie schnell genug abgebremst haben, ausgewichen und auf den Seitenstreifen gefahren sind. Aber das Bild, das sich Ihnen bietet, ist schrecklich. Sie beide haben einen Schock.

Wochen später treffen Sie sich wieder, tauschen sich über das Erlebte aus und unterstützen sich in Ihrer Aufarbeitung. Dabei fällt Ihnen auf, dass Ihre Freundin immer noch sehr in dem Erlebnis gefangen ist und sich beispielsweise weigert, in ein Auto zu steigen. Nach einigen Monaten treffen Sie sich erneut. Ihre Begleiterin ist nervös, zappelig und erzählt, dass sie sich Hilfe bei einer Psychotherapeutin geholt hat. Alpträume, Schlafstörungen und Ängste in engen Räumen machen ihr seit dem beobachteten Unfall das Leben schwer. Eine Krankschreibung sorgt derzeit für etwas Ruhe.

Für Sie war das Erlebnis auch belastend und hat Sie in der ersten Zeit sehr beschäftigt. Sie haben viel darüber gesprochen, und mit der Zeit konnten Sie die Erfahrung annehmen und akzeptieren. Das Erlebnis verblasste zusehends, und auch Ihr anfängliches Magengrummeln beim Autofahren hat sich inzwischen beruhigt.

Was ist Resilienz?

Resilienz ist die psychische Widerstandskraft, die Fähigkeit, Stressbelastung und Krisen zu bewältigen und als Anlass für Entwicklungen zu nutzen.

Eine 1971 veröffentlichte und über 40 Jahre dauernde Langzeitstudie der Entwicklungspsychologin Emmy Werner zeigte am Beispiel von knapp 700 Kindern der hawaiianischen Insel Kauai dieses Phänomen deutlich auf. Sie beobachtete – nicht verwunderlich, würden wir sagen –, dass viele Kinder, die unter schwierigen Verhältnissen aufwuchsen, wie Armut, Gewalt, Vernachlässigung und Missbrauch, im späteren Leben häufiger straffällig, weniger gesund und weniger erfolgreich waren. Das Erstaunliche aber war, dass sich ein Drittel der Kinder dieser Gruppe trotz der vielen Risikofaktoren positiv entwickelten: Sie hatten Erfolg in der Schule, waren ins soziale Leben integriert und wuchsen zu stabilen Persönlichkeiten heran.

Resilienz ist eine Form der psychischen Widerstandskraft.

Resilienz ist in der psychologischen Forschung ein wachsendes Thema. Hier wird erforscht, welche Voraussetzungen ein Mensch braucht, um psychisch belastende Faktoren auszugleichen. Wichtig ist: Resilienz ist erlernbar! Resiliente Menschen wissen oder haben gelernt, dass sie selbst es sind, die ihr Schicksal bestimmen. Sie vertrauen nicht auf Glück oder Zufall, sondern nehmen die Dinge selbst in die Hand und haben von ihren Fähigkeiten ein realistisches Bild.

Faktoren der Resilienz

Wenn Sie sich in der Literatur über die Resilienzforschung schlau machen, werden Sie auf die „Sieben Säulen der Resilienz“ stoßen.

1. **Optimismus:** eine positive Weltsicht, ein positives Selbstbild, die Einstellung, das Gute im Schlechten zu sehen.
2. **Akzeptanz:** annehmen, was Sie nicht ändern oder beeinflussen können oder (noch) nicht kennen. An dieser Stelle ist die Fähigkeit zur Gelassenheit sehr hilfreich. Akzeptanz bedeutet auch, Verantwortung für das eigene Denken und Handeln zu übernehmen.
3. **Lösungsorientierung:** der nächste Schritt nach der optimistischen Betrachtung und der Akzeptanz der Situation. Es gilt, aus den Möglichkeiten Lösungen zu entwickeln. Fragen Sie sich: Was kann ich aus der Situation lernen? An welchem Punkt bringt mich die Herausforderung weiter?
4. **Selbststeuerung:** die Besinnung auf eigene Stärken. Sie haben die Fähigkeit, Ihre Gefühle in verschiedenen Situationen angemessen zu steuern und sich wieder in Balance zu bringen. Durch entsprechende Erfahrungen wissen Sie, dass Sie das bewerkstelligen können (das Gegenteil wäre die Opferrolle).
5. **Verantwortung übernehmen:** die Bereitschaft, für Ihr Handeln und Empfinden Verantwortung zu übernehmen und diese nicht auf andere zu übertragen. Somit können Sie auch gut Ihren Einflussbereich bestimmen.
6. **Beziehungen gestalten:** die Fähigkeit, gute und vertrauensvolle Kontakte zu pflegen, die Sie auch in der Krisenzeit unterstützen können. Gute Beziehungen sind ein wichtiger und stabilisierender Faktor in Ihrem Leben.
7. **Zukunftsplanung:** von sich aus im eigenen Leben Initiativen setzen und die eigene Entwicklung selbst steuern. Dazu gehört ebenfalls die Einschätzung Ihres beruflichen Entwicklungspotenzials sowie die Fähigkeit, Gefahrenpotenziale realistisch darin zu integrieren.

Zu diesen sieben Säulen der Resilienz gehören noch zwei weitere Faktoren, die ebenfalls eine Rolle spielen:

1. **Realistische Gefahreneinschätzung:** Sie sorgt für eine mehr oder minder starke Stressreduktion in Ihrem System. Je realistischer Sie die Gefahr oder den Stress einschätzen, umso leichter fallen Ihnen zukünftige Schritte und Einstellungen. Diese Einschätzung ist abhängig von Ihren Vorerfahrungen und einer möglichen Bedrohung Ihrer Ziele und Bedürfnisse durch den Stress oder die Gefahr.
2. **Die Bewertung der Situation verändern:** Das wirkt zuweilen Wunder, da Sie sich dadurch von alten Blickwinkeln und Ansichten lösen. Wir Menschen bewerten aktuelle und auch zukünftige Situationen anhand unserer bisherigen Erfahrungen und den damals gezogenen Schlüssen. War die Erfahrung schmerzhaft und Sie haben Sie negativ bewertet, werden Sie eine ähnliche Begebenheit heute genauso bewerten. Beziehen Sie andere oder neue Erfahrungen in Ihren Bewertungsprozess mit ein, haben Sie die Chance, die nächste Begebenheit möglicherweise für Sie vorteilhafter zu bewerten. Es ist die Frage, ob Ihr Glas halb leer oder halb voll ist.

Um eine Belastungssituation gut zu bewältigen, sollten diese Faktoren vorliegen und mobilisiert werden. Ob das gelingt, hängt zusätzlich von der Stärke dieser Fähigkeiten ab und wie sehr das Umfeld deren Nutzung unterstützt.

Hochsensible und die Resilienz

Herauszufinden, ob diese beiden ein gutes Team sind, wäre eine interessante Fragestellung für gezielte psychologische Untersuchungen. Wir können uns jedoch auch ohne wissenschaftliche Beweise die Sachlage einmal anschauen.

Die oft schmale Komfortzone Feinfühliger stellt nicht viel Spielraum zur Verfügung, kritische Lebenssituationen und -phasen gut aufzufangen. Zu schnell fallen Feinfühlige aus ihrem Wohlfühlbereich und sind schon allein dadurch gestresst. Dafür reicht bereits eine plötzliche Veränderung, ein krittelnder Vorgesetzter, zu viele Menschen oder andere Reize im Raum, unpassende Arbeitsinhalte oder -bedingungen. Optimismus und Akzeptanz dessen, was ist, oder eine realistische Gefahreneinschätzung können Feinfühligen Probleme bereiten, da sie vorerst zu intensiv mit den belastenden Faktoren beschäftigt sind.

Andererseits reagieren Hochsensible in Krisen oftmals schnell, überlegt und sehr planvoll. Sie behalten den Überblick und scheinen wie aus dem Nichts genau zu wissen, was in der akuten Situation vonnöten ist. Hier spielen mehrere Kompetenzen eine Rolle: Der Überblick durch das rasche Erfassen der Lage, die erhöhte Intuition und das rege Innenleben, in dem die verschiedensten Szenarien spielerisch durchdacht werden.

Hochsensible reagieren in Krisen oftmals schnell, überlegt und sehr planvoll.

Allerdings halte ich es für wichtig, einen Unterschied zwischen akuten und länger anhaltenden Belastungen zu ziehen. Bei akuten Vorkommnissen wird das komplexe und tiefe Wissen Hochsensibler angezapft. Bei langanhaltenden Krisen führt es tendenziell zur Belastung, da sich der Feinfühlige den dauerhaften oder wiederholten Schwierigkeiten nicht genügend entziehen kann. Dennoch können Faktoren wie Verantwortung übernehmen, lösungsorientiertes Denken oder das Einnehmen veränderter Blickwinkel aufgrund der guten Reflexionsfähigkeit sich sehr positiv auf die Verarbeitung von Krisen auswirken. Je nachdem, wie sehr Sie sich sowohl mit diesen Kompetenzen als auch Ihrem Wesen befasst haben, können Sie Ihren Resilienzspielraum im Lauf der Zeit erweitern!

Resilienz im Arbeitsalltag – welchen Vorteil bietet sie?

Wer wünscht sich keine stressresistenten Mitarbeiter? Unser Lebensalltag ist in kurzer Zeit vielschichtig und anstrengend geworden, so dass Stress zum Alltagsbegleiter vieler Menschen geworden ist. Themen wie Arbeitsverlust, Jobwechsel, finanzielle Nöte, Beziehungskrisen und andere existenzielle Probleme häufen sich. Für unsere zunehmend komplexere Arbeitswelt ist Resilienz eine durchaus interessante Kompetenz. Um mit den gestiegenen Anforderungen zurechtzukommen, braucht man neben Selbstvertrauen und Gelassenheit auch die Kompetenzen, die sich im Phänomen der Resilienz bündeln. Allerdings sollte die Resilienz nie das Hauptkriterium bei der Wahl eines neuen Mitarbeiters sein. Gerade in emotionalen, sozialen und künstlerischen Bereichen sind viele hochsensible Menschen unterwegs, die trotz ihrer großen speziellen Kompetenzen nicht immer über eine ausgeprägte Resilienz verfügen.

So stärken Sie Ihre Resilienz!

Das Selbstbewusstsein stärken: Resilienz geht eng mit einem gesunden Selbstvertrauen einher. Stärken Sie Ihres auch, indem Sie sich Ihrer Veranlagung und der damit verbundenen Fähigkeiten bewusst werden.

Die Komfortzone ausdehnen: Fordern Sie sich selbst heraus. Dort, wo Sie Ihr (neu gewonnenes) Selbstbewusstsein gestärkt haben, können Sie nun über sich und Ihre Grenzen hinauswachsen und Neues erproben. Die Komfortzone ist wie ein Gummiband: Wenn sie nicht in Bewegung bleibt, wird sie steif und irgendwann brüchig.

Optimismus praktizieren: Es geht nicht um die Haltung „Alles ist toll und es gibt keine Probleme“. Das wäre nicht nur unrealistisch, es bringt Ihnen langfristig auch eher Ärger als Freude. Üben Sie vielmehr, im Konflikt den Vorteil oder – für Hochsensible – den Sinn zu erkennen. Erst mit einem nachvollziehbaren Sinn hinter dem Ganzen lassen sich unangenehme Situationen leichter bewältigen. Achten Sie dabei auf Ihre Gedanken und Gefühle: Sie zeigen Ihnen, wie Sie tatsächlich zum Problem stehen.

Veränderungen üben: Veränderungen sind für feinfühlige Menschen ein heikles Thema. Aber ähnlich wie bei der Komfortzone führt die Übung mit kleinen Situationen zu einem entspannteren Umgang damit. Die Folge ist eine größere Souveränität in schwierigen Momenten.

Die Opferrolle verlassen: Stellen Sie sich Fragen wie „Warum musste mir das passieren?“ oder „Wieso habe ich dieses und jenes nicht anders gehandhabt?“ nur, um aus Ihnen zu lernen und sich weiterzuentwickeln. Wenn Sie jammern, ziehen Sie sich selbst und auch Ihr Umfeld runter! Übernehmen Sie Verantwortung für Ihr Leben und für Ihr Handeln, ganz gleich auf welchem Gebiet. Verändern Sie den Blickwinkel: Sehen Sie Fehler als Lehrmeister und erkennen Sie Umstände, die Sie nicht ändern können, als gegeben an.

Die Work-Life-Balance optimieren: Gerade als hochsensibler Mensch sollte Sie sehr auf Ihr seelisches und körperliches Wohlempfinden achten, da Sie damit Ihre psychische und körperliche Gesundheit stabilisieren. Die Gefahr, sich in Begeisterung oder großem Verantwortungsgefühl aufzureiben, ist groß. Tun Sie sich Gutes, sorgen Sie für einen Entspannungsausgleich und achten Sie auf Ihre Arbeitszeiten – auch dann, wenn Sie mit Leib und Seele bei Ihrer Arbeit sind.

Kontakte anpassen und erweitern: Gönnen Sie sich Menschen in Ihrer Umgebung, die zu Ihnen und Ihrem Wesen passen. Am Arbeitsplatz ist dies nicht immer möglich. Halten Sie dort aber dennoch gezielt nach Gleichartigen Ausschau. Wenn ein Fünftel aller Menschen hochsensibel ist, finden sich bestimmt, wenn Ihre Firma groß genug ist, andere Feinfühlige. Sehen Sie sich bewusst im engeren und weiteren Kreis um. Suchen Sie auch in Gesprächskreisen, Treffen, Selbsthilfegruppen oder Meditations- oder Yogakreisen nach Ihresgleichen. Ein Umfeld, das Sie unterstützt, ist eine wichtige Ressource für Ihr Berufsleben!

Achtsamkeit

Das Thema Achtsamkeit erfährt in den letzten Jahren einen enormen Aufschwung – nicht ohne Grund, stoßen wir doch langsam mit unserer Schneller-Höher-Weiter-Haltung an unübersehbare Grenzen bei Mensch und Natur. Eine Umkehr, die unter anderem in Form der Achtsamkeit in unser Leben einzieht, ist nötig. Etwas völlig Neues ist Achtsamkeit jedoch nicht. In der Lehre des Buddhismus ist sie schon seit zweieinhalb Jahrtausenden fester Bestandteil von Philosophie und Praxis. Dort wird Achtsamkeit als eine besondere Form der Aufmerksamkeit verstanden.

In der Lehre des Buddhismus ist Achtsamkeit schon seit zweieinhalb Jahrtausenden fester Bestandteil von Philosophie und Praxis.

Was ist Achtsamkeit?

Achtsamkeit ist ein willentlich herbeigeführter Bewusstseinszustand, in dem innere und äußere Erfahrungen *ohne* Bewertung registriert und zugelassen werden. Praktizierte Achtsamkeit führt nachgewiesenermaßen zu Stressreduzierung, aktiviert die Selbstheilungskräfte und wirkt sich positiv auf das Immunsystem aus.

Hält mehr und mehr Achtsamkeit Einzug in Ihren Alltag, können sich auch ungeliebte Gewohnheiten oder unbewusste Reaktionen verringern, was mit der Zeit zu einem selbst-bewussteren und authentischeren Leben führt.

Hochsensible und Achtsamkeit

Gerade hochsensiblen Menschen liegt dieser achtsame Blick. Aufgrund ihrer feinen Wahrnehmung und der hohen Bereitschaft, Dinge zu hinterfragen, neigen sie von Haus aus dazu, das Leben tiefer und bewusster zu beleuchten. Für Sie als feinfühliger Mensch ist die achtsame Lebensweise daher möglicherweise ganz selbstverständlich und vertraut. Sie verfügen also bereits jetzt über die Grundlagen einer Kompetenz, die zunehmend sowohl in privaten als auch beruflichen Zusammenhängen immer wichtiger wird. Allerdings bedarf es der Übung, Beobachtungen nicht mehr zu bewerten. Dies ist ein in unserer Kultur tief verankerter Automatismus, den Sie im Achtsamkeitstraining zu reduzieren lernen.

Achtsamkeit im Arbeitsalltag – wofür brauchen wir sie?

Unsere Ellbogengesellschaft hat wenig für Achtsamkeit übrig. Hier herrscht das Recht des Stärkeren und Schnelleren. Aber wie bereits gesagt ist ein Umdenken dringend notwendig. Achtsamkeit ist einer der Schlüssel, eine Umkehr einzuläuten und neue Handlungsmodelle zu entwickeln. Werden Arbeitsabläufe, Arbeitsstrukturen und Kommunikationsformen im Sinne der Achtsamkeit gestaltet, stehen die Chancen gut, sich aus verhärteten Strukturen zu befreien und einen besseren Umgang miteinander zu finden.

DIE KRAFT DER ACHTSAMKEIT

Der einzige Weg, das Leben zu spüren, ist, den gegenwärtigen Augenblick bewusst wahrzunehmen und nicht am Leben vorbeizugehen.

Den gegenwärtigen Blick kannst du nur wahrnehmen, wenn du aufmerksam, achtsam bist.

Wirklich aufmerksam bist du nur, wenn du nicht alles bewertest und verurteilst. Neutrales Beobachten und intensives Genießen bedeutet, im JETZT zu sein.

Werde vom Lebensbewerter zum Lebensbeobachter und damit zum Lebensveränderer.

Nicht hartes Training schult deine Achtsamkeit, sondern regelmäßiges Nichtstun. Achte dabei vor allem auf deinen Atem.
So achtest du bald auf deine gesamten Sinne. So hörst du schon bald wieder deine innere Stimme.

Achte dabei auf deine Gedanken. Lasse nicht zu, dass wahllose Gedanken automatisch kommen und dich ablenken. Wähle deine Gedanken bewusst.

Wenn du achtsam mit deiner Umgebung und deinen Gedanken bist, fängst du an, dich wieder selbst zu spüren. Mit Haut und Haar.

So kannst du dich auf dich selbst und auf deine Wünsche fokussieren, das Leben wieder neu spüren und vielleicht sogar völlig neue mutige Schritte gehen.

Regina Rademächers

Authentizität

In unserer Welt, wo der Schein oft mehr zählt als das Sein, wirkt Authentizität fast wie ein Anachronismus. Mehr als das tatsächliche Wesen, als das authentische Gefühl oder eine ehrliche Meinung zählt die Maske: Wir tun eben, was gewünscht oder erwartet wird. Aber auch diese Haltung ist etwas, das immer mehr der Vergangenheit angehört. Die Zahl der Menschen hingegen, die echte und wahrhaftige Begegnungen suchen und sich selbst unverfälscht zeigen, nimmt zu.

Authentizität kann so wieder zu einem Wegweiser nicht nur für den Einzelnen, sondern auch für Firmenleitungen und Personaler werden, um tatsächlich all die Menschen zu finden und ins Boot zu holen, die für eine genesende Zukunft Inspirierendes einbringen können und wollen.

Was ist Authentizität?

Der Begriff Authentizität stammt vom Griechischen *authentikós*, „echt", und bedeutet Echtheit im Sinne von original. Sie sind authentisch, wenn Sie sich geben, wie Sie sind, wie es Ihrem Naturell entspringt. Dass dies nicht immer einfach und selbstverständlich ist, ist sicherlich auch durch die vielen spezifischen Klippen, die ein hochsensibler Mensch in seinem Leben zu meistern hat, deutlich geworden.

Hochsensible und Authentizität

Dennoch: Hochsensible haben ein tief verankertes Empfinden für Authentizität und streben im Innersten stets danach. Spüren Sie bei Ihrem Gegenüber, ob eine Aussage echt gemeint ist oder ob die Person nur schön Wetter machen möchte? Fühlen Sie sich unwohl, wenn Sie einen Unterschied zwischen Aussage und Handlung bzw. Verhalten wahrnehmen? Das ist Ihr siebter Sinn für Authentizität. Selbst wenn das eigene authentische Verhalten durch Stress, Anpassung oder Ängste beeinträchtigt oder verdeckt ist, ist Ihr Gefühl für diese Haltung doch sehr stark.

Authentizität im Arbeitsalltag – Bremsklotz oder Gaspedal?

In der Arbeitswelt sind Menschen erwünscht, die sich an die Gegebenheiten und Erfordernisse der Arbeitssituation anpassen. Authentizität wäre dann ein Bremsklotz, wenn Ihre individuellen Einstellungen und Bedürfnisse zu denen des Betriebs konträr liefen. Und dies ist tatsächlich häufiger der Fall.

Da jedoch in der Arbeitswelt inzwischen immer deutlicher wird, dass das Übergehen der Mitarbeiterbedürfnisse auf lange Sicht der Firma, ja sogar dem Gemeinwohl schadet, weil Fehl- und Krankenzeiten steigen und die Frühberentung immer häufiger eine gewählte Option ist, beginnt man langsam, wie bereits erwähnt, umzudenken.

Welche Rolle kann dabei die Authentizität spielen? Sie könnte das Gaspedal sein, das glaubhafte und stimmige Bedürfnisse, Grenzen und Möglichkeiten aufzeigt sowie für Qualität in den Ergebnissen sorgt. Sie sind etwa Teil eines Teams und spüren in einer Besprechung Differenzen oder Ungereimtheiten. Sie nehmen sie wahr, sprechen sie an, und nun können sie geklärt werden. Ihre Wahrnehmung deckt eine Problematik im Team auf, die ohne Ihren Beitrag unerkannt geblieben wäre und vielleicht zu einem viel späteren Zeitpunkt für – dann – größere Probleme gesorgt hätte. Oder Sie sind eine Krankenschwester, Ärztin oder Therapeutin. Ohne Ihr Gespür für Ihre eigene Authentizität und die Ihrer Patienten und Kollegen könnten Sie Ihre Arbeit nur halb so gut tun, denn Begegnungen oder Behandlungen blieben an der Oberfläche und würden nicht den Kern und die Seele des Menschen berühren. Dass Sie dies als hochsensibler Mensch gut können, ist eine Ihrer Perlen.

Authentizität könnte das Gaspedal sein, das stimmige Bedürfnisse, Grenzen und Möglichkeiten aufzeigt sowie für Qualität in den Ergebnissen sorgt.

Der WeQ

Es hat lange gedauert, bis neben dem IQ auch der EQ zu seinem Recht kam. Aber die Dinge ändern sich und entwickeln sich vor allem fort, und inzwischen sind wir beim WeQ angelangt. Der Wandel unserer Welt vollzieht sich auf vielen Ebenen. Eine davon ist der sogenannte Kulturwechsel, wie ihn Peter Spiegel in seinem Buch „WeQ – More than IQ“ beschreibt. Marianne Obermüller, Unternehmerin in Social Business und Social Innovation, nennt es einen „geistigen Klimawandel“. Mit „IQ“ meint Spiegel jedoch nicht den Intelligenzquotienten, sondern die „Ich-Qualitäten“, die unsere Wertekultur in der jüngeren Vergangenheit stark geprägt haben. Mit der WeQ Foundation, die Peter Spiegel, der Hirnforscher Gerald Hüther und andere namhafte Innovationsexperten 2014 gegründet haben, gaben sie dieser sozialen Bewegung hierzulande ein Sprachrohr, das die zunehmenden Aktivitäten zum sozialen Wir aufzeigt.

Was ist der WeQ?

Der WeQ bezeichnet eine zwischenmenschliche bzw. soziale Revolution. Er ist die Gegenbewegung zur derzeit dominierenden Ich-Gesellschaft. Spiegel fasst die zentralen Kernpunkte des WeQ wie folgt zusammen: WeQ ...

- ist Team und Prozess
- ist Austausch auf Augenhöhe
- ist Lernen in Gemeinschaft
- ist Beteiligung und Integration
- entfaltet jedermanns Potenziale
- vernetzt unser Wissen
- steht für ein offenes Ergebnis
- denkt die Welt im Sinne aller

Sie mögen einwenden, dass einige dieser Punkte doch durchaus schon im Alltag ihren Platz gefunden haben und gelebt werden. Ihr Empfinden täuscht Sie nicht, denn diese Bewegung ist nicht erst seit 2014 aktiv, sondern weltweit in vereinzelten Initiativen schon sehr viel länger. Nun allerdings gewinnt diese Strömung derart an Intensität, dass sie nicht mehr länger Sache Einzelner ist und übersehen werden kann. Sie beginnt, die gesamtgesellschaftliche und globale Situation zu beeinflussen.

Um den Unterschied zur bisherigen Ich-Kultur ein wenig zu präzisieren, zitiere ich hier eine Gegenüberstellung des „Parallelbüros“, einer Initiative der WeQ-Bewegung, aus dem Buch von Peter Spiegel:

IQ (Ich-Qualitäten)	⟷	WeQ
20. Jahrhundert	⟷	21. Jahrhundert
Individuum	⟷	Gesellschaft
Hierarchie	⟷	Heterarchie
Ergebnis	⟷	Prozess

Noten/Normen	⟷	Gefühl/Geist
Lexika	⟷	Netzwerk
Konkurrenz	⟷	Beziehung
Top-down	⟷	Bottom-up
One-to-many	⟷	Many-to-many

Diese Gegenüberstellung macht deutlich, wie stark sich der WeQ von den Zielen der Ich-Kultur unterscheidet. Es ist nur allzu nachvollziehbar, dass man für diesen neuen Weg auch bestimmte, geeignete Soft Skills braucht. Inwieweit können Hochsensible mit ihrem speziellen Rüstzeug sich hier gut einbringen oder gar ihren wesensgemäßen Platz in einer solchen Gruppe oder Gesellschaft finden?

Hochsensible und der WeQ

Viele Hochsensible leiden stark unter der Druck- und Konkurrenzgesellschaft und dem allgemeinen Werte- und Qualitätsverfall, denn das widerstrebt häufig ihrem Anspruch auf Harmonie, Perfektion und Gerechtigkeit. Im Zusammenhang mit der WeQ-Entwicklung aber sind ihre Kompetenzen wieder gefragt:

Globales Bewusstsein

Feinfühligen Menschen ist dies nicht fremd, denn durch ihren Weitblick, ihre Vorausschau, ihr Verantwortungsbewusstsein und ihre Empathie liegt ihnen nicht nur das Wohl ihrer Nächsten, sondern auch das anderer Menschen und der Natur am Herzen.

Nachhaltigkeit

Auch greifen hier die Kompetenzen Verantwortungsbewusstsein und Vorausschau. Hochsensible haben häufig rascher ein Bild von zu erwartenden Konsequenzen. Der Missbrauch von natürlichen Ressourcen erregt daher leichter als bei anderen Menschen den Unmut und Widerstand Hochsensibler.

Problemlösungskompetenz

Hochsensible betrachten die Dinge gerne von mehreren Seiten und hinterfragen sie. Diese tiefgründige Betrachtungsweise ist eine gute Voraussetzung für kritisches Denken und eine innovative Problemlösungsstrategie.

Transformationskompetenz

Um Dinge und Situationen zu ändern und zu wandeln, müssen wir einen anderen Blickwinkel einnehmen können. Dies liegt feinfühligen Menschen in der Regel, da sie das bereits ständig tun, indem sie ihr eigenes Handeln und erlebte Situationen überprüfen. Viele Hochsensible sind geborene Querdenker und finden gern Alternativen, die zur Transformation eines Vorhabens nötig sind.

Empathie, Achtsamkeit, Respekt

Auch hier haben Hochsensible gute Soft Skills im Gepäck, um soziale und interkulturelle Situationen und Aufgaben mit dem gewissen Etwas zu meistern.

Selbstwirksamkeit

Dieser Punkt ist für Feinfühlige zuweilen etwas schwierig, steht er doch eng mit dem Selbstwert in Verbindung. Für Hochsensible ist oft die Überzeugung schwierig, dass sie auch schwierige Situationen und Herausforderungen aus eigener Kraft erfolgreich bewältigen können. Sie sind zwar sehr effizient und wirkungsvoll in ihrem Tun, für die eigene Positionierung im Berufsleben wäre es jedoch hilfreich, sich dieser Selbstwirksamkeit bewusst zu werden. Auch dieser Schritt gehört zur Entdeckung Ihrer eigenen Perlen.

Dies sind nur einige Beispiele aus den 38 sogenannten WeQ-Skills oder Zukunftskompetenzen, die die WeQ Foundation auf ihrer Webseite (siehe Anhang) zusammengestellt hat. Sie sehen, es gibt durchaus einige Überschneidungen mit den Eigenschaften feinfühliger Menschen! Dies wird Ihr Vorteil sein!

DEN WEQ FÜR SICH NUTZEN

Nutzen Sie diese Entwicklung! Schauen Sie sich bewusst und aktiv nach Menschen und Firmen um, die im Sinne des WeQ arbeiten. Dort finden Sie vorzugsweise Arbeitsbedingungen und -inhalte, die Ihnen nicht nur entgegenkommen, sondern auch die Suche nach dem Sinn in Ihrem Schaffen befriedigen.

WeQ im Arbeitsalltag – einer für alle, alle für einen?

Ist das Motto der vier Musketiere nun passé, da es jetzt um die Gemeinschaft geht? Das Motto des WeQ lautet „Viele für viele" *(Many to many)*. Wendet sich die Bewegung nun völlig vom Einzelnen ab, und nur das Gemeinwohl zählt? Nein, es geht beim WeQ genauso um das individuelle wie um das gemeinschaftliche Wohl. Anders als in der Ich-Ära unterstützt das Wohl des Einzelnen die Entwicklung der Gruppe – und umgekehrt. Geht es Ihnen gut, so geht es auch Ihrem Team, Ihrer Firma, Ihrer Familie gut. Geht es der Firma, Ihrem Team, Ihrer Familie gut, so werden Sie auch von dieser Seite gestärkt.

Die WeQ-Bewegung hat zum Ziel, dass diese individuelle Kraft nicht mehr nur für sich und bei sich behalten wird, sondern mit anderen geteilt wird. Und so wie geteilte Freude doppelte Freude ist, gewinnt auch der Einzelne durch die Stärkung und Unterstützung vonseiten der Gemeinschaft. Nach Egoismus und engstirnigem Denken entsteht nun im größeren Ganzen ein stärkender Kreislauf durch Geben und Nehmen.

Die WeQ-Bewegung hat zum Ziel, dass individuelle Kraft nicht mehr nur für sich behalten, sondern mit anderen geteilt wird.

In der Wirtschafts- und Arbeitswelt hat dies enorme Auswirkungen. Es werden kreative und innovative Lösungen entwickelt, die in den engen Grenzen der Ich-Ära keinen Platz hatten oder sich nicht umsetzen ließen. Typische Firmenentwicklungen des WeQ-Gedankens sind beispielsweise das Carsharing oder Bürogemeinschaften: Hier werden Ressourcen geschont und Kräfte gebündelt.

SICH SELBST IMMER IM BLICK HABEN

Sie als hochsensibler Mensch fühlen sich möglicherweise zu dieser Bewegung hingezogen oder sind innerhalb Ihrer Berufstätigkeit bereits aktives Mitglied. Das ist wunderbar, denn hier können Sie viele Ihrer speziellen Qualitäten einbringen. Gehen Sie jedoch auch achtsam mit Ihren eigenen Ressourcen um, denn oftmals lassen uns Feinfühligen die Begeisterung und die tiefe Befriedigung unseres Handelns die eigenen Grenzen übersehen. Haben Sie auch immer sich selbst im Blick, denn Sie sind ein ebenso wichtiger Teil des Ganzen wie jeder andere auch!

DEN RICHTIGEN BERUF FINDEN

Vom Beruf zur Berufung

Wenn Sie in einem Angestelltenverhältnis arbeiten und auf Dauer nicht zufrieden sind, sollten Sie sich drei grundlegende Fragen stellen:

- Ist mein Beruf meine Berufung?
- Möchte oder sollte ich lieber selbstständig arbeiten?
- Geht es mir besser, wenn ich selbstständig tätig bin?

Dies sind sehr komplexe und weitgreifende Fragen, denen ich in diesem Buch leider nicht die verdiente Beachtung schenken kann. Ich möchte sie aber nicht gänzlich unerwähnt lassen, da sich mit ihnen auch Überlegungen zu speziellen Soft Skills verbinden.

Der Ruf nach Selbstverwirklichung und Berufung wird seit einigen Jahrzehnten immer lauter. Es tauchen Frage auf wie „Wer bin ich?", „Was kann ich?", „Wo möchte ich hin?" In den Zwängen einer oftmals fremdgesteuerten Berufstätigkeit lassen sie sich nicht befriedigend beantworten, und so ist meist der erste Schritt die Überlegung, ob denn der momentane Beruf überhaupt zu Ihrem eigenen Wesen passt.

Der Ruf nach Selbstverwirklichung und Berufung wird seit einigen Jahrzehnten immer lauter.

Richtiger Beruf – falscher Rahmen

In Gesprächen mit hochsensiblen Menschen höre ich häufiger, dass sie ihren Beruf zwar mögen oder er sogar der richtige ist, die Rahmenbedingungen aber zu belastend sind.

Ich arbeitete einige Jahre als Dozentin für Psychologie bei einem freien Bildungsträger. Nach meinen anfänglichen Ängsten und Unsicherheiten mochte ich diese Arbeit sehr und genoss die große und spannende Herausforderung. Allerdings musste ich als Eule dafür morgens um sechs Uhr aufstehen, um mich um sieben Uhr und auf dem Heimweg nochmal um 16 Uhr ein bis anderthalb Stunden durch den überfüllten öffentlichen Nahverkehr zu quälen. Zunehmend wurde genau das zum Handicap und raubte mir viel Kraft.

Nun könnten Sie sagen, das ist doch harmlos, was stellt sie sich so an! Aber so einfach ist es nicht. Das Phänomen lässt sich mit einem Beispiel erklären, dem Etikett in einem neuen Kleidungsstück: Erst kratzt es kurz, Sie zupfen, es beruhigt sich. Nach einer Weile kratzt es erneut, Sie zupfen wieder, es beruhigt sich. Nach einer kürzeren Zeit kratzt es wieder, Sie zupfen, es beruhigt sich – aber nicht für lange: Dieser Zustand steigert sich allmählich derart, dass Ihre ganze Aufmerksamkeit nur noch auf das störende Etikett gerichtet ist. Ihre Wahrnehmung von allem anderen verschwindet völlig im Hintergrund, Sie spüren nur noch das kratzende Etikett – bis Sie den Störenfried beseitigt oder das Kleidungsstück gewechselt haben. Ähnlich verhält es sich auch mit anderen störenden Faktoren für Hochsensible: Bis zu deren Beseitigung führen sie zu einer immer stärker werdenden Ablenkung und Unzufriedenheit.

STÖRFAKTOREN AUSFINDIG MACHEN

Untersuchen Sie Ihr berufliches Umfeld nach Störfaktoren. Haben Sie sie ausfindig gemacht, beginnen Sie, Lösungen zu entwickeln, die zu Ihnen, Ihren beruflichen Anforderungen und den gegebenen Rahmenbedingungen passen. Häufig liegen diese im Detail, aber auch kleine Veränderungen können große Auswirkungen haben.

Falscher Beruf – Richtung Berufung

Störfaktoren lassen sich meist beseitigen, aber was, wenn tatsächlich der Beruf an sich nicht der richtige ist? Anpassung an fremde Erwartungen („Lerne was Anständiges!“), Unsicherheit („Naja, eigentlich ist der Job ja auch ganz okay ...“) oder mangelndes Selbstbewusstsein („Ich würde ja gern, aber die Ausbildung traue ich mir nicht zu“) können dazu führen, dass der falsche Beruf gewählt wurde.

Dies führt entweder zu einem jahrelangen „Berufe-Hopping“, bei dem ständig die passende Arbeit gesucht wird. Oder es tritt, meist ab dem Alter zwischen 30 und 40, scheinbar plötzlich eine große Unzufriedenheit ein, und die Suche nach Alternativen beginnt. Dann werfen sich die großen Fragen nach dem „Was kann ich?“, „Wo will ich hin?“ und „Womit fühle ich mich wohl?“ auf. Elaine N. Aron beschreibt diese Suche als typisch für Hochsensible, denn irgendwann wird das starke Bedürfnis nach innerer Sinnhaftigkeit des eigenen Handelns auch im Beruf zu stark, um übergangen zu werden.

> Es reicht nicht mehr, „nur" Rahmenbedingungen, Störfaktoren oder marginale Aspekte zu ändern.

Es reicht dann nicht mehr, „nur“ Rahmenbedingungen, Störfaktoren oder marginale Aspekte zu ändern. Die Seele ruft nach ihrer Lebensaufgabe, nach dem Schaffen in Verbindung mit dem Kern Ihres Wesens. Nun beginnt eine Zeit der Selbsterkenntnis und Reflexion, denn in der Regel sind die Hinweise auf die Berufung tief im Innern verborgen.

„SCHON IMMER WOLLTE ICH ...“

Vielleicht erinnern Sie sich an Kindheitsträume oder längst vergessene Vorlieben und Hobbys? Folgen Sie dieser Spur Ihrer kindlichen Freude und Ihren Fähigkeiten, denen Sie aus Unsicherheit nie vertraut haben. Der Satz: „Schon immer wollte ich ...“ ist ein guter Wegweiser! Erwarten Sie nicht, innerhalb kurzer Zeit auf ein fertiges Ergebnis zu stoßen. Das kann passieren, muss aber nicht. Viel häufiger ist dieser Weg ein behutsamer, auf dem Sie Schicht für Schicht Ihr Inneres aufdecken. So nähern Sie sich schrittweise Ihrer beruflichen Erfüllung.

Gestatten Sie sich dabei, Ihre wieder- oder neu entdeckten beruflichen Gaben in Ihrem Tempo in Ihr Leben zu holen. Sie möchten endlich reisen und darüber schreiben? Beginnen Sie vielleicht mit einem Blog oder Kurzgeschichten. Sie wollten schon immer in der Natur, mit Tieren oder Kräutern arbeiten? Suchen Sie sich die Orte, Menschen und Räume, in denen Sie dies tun können, und beginnen Sie sich schrittweise einzuarbeiten, vielleicht an Wochenenden. Als nächsten Schritt könnten Sie halbtags in Ihrem „Ertragsberuf“ arbeiten und an zwei Tagen in Ihrer Berufung.

Geht nicht gibt's nicht

Ich hielt einige Jahre mit einer Kollegin zusammen Bewerbungstrainings für Arbeitslose. Rasch merkten wir, dass die meisten Teilnehmer dieser Maßnahmen von dem bereits dritten oder vierten Training für Bewerbungsmappen und Lebensläufe gelangweilt waren. Wir verlegten uns daher darauf, sie auf ihrem Weg zu ihrem zukünftigen Wunschberuf zu coachen. So kitzelten wir ihre Träume oder stillen Begabungen hervor. Das fanden auch die Teilnehmer spannend – bis zu dem Punkt, an dem es konkret wurde: Als es darum ging, sich praktisch zu überlegen, wie sie ihre nun entdeckten Berufsideen umsetzen könnten, traten unerwartet viele und richtig kreative Einwände zutage, warum dies und jenes nicht ginge. Die zwei häufigsten Argumente jedoch waren: „Das ist doch völlig unrealistisch!" und: „Damit verdient man doch kein Geld!" Viele Teilnehmer brachen an dieser Stelle ihren Weg ab und überließen sich ihrer Mutlosigkeit.

Geben Sie an dieser Stelle nicht auf! Denn genau hier wird es interessant, spannend – und herausfordernd. Was bewirken diese beiden Sätze? Zu behaupten, etwas sei unrealistisch, schließt alles aus, was in diesem Moment nicht sichtbar und praktikabel erscheint. Wie ich bereits beschrieben habe, sind Sie jedoch durch Ihre eigene Einstellung und Sichtweise durchaus in der Lage, die Realität anders zu gestalten. Sie müssen es nur wirklich wollen. Das heißt, *Sie* müssen davon ausgehen, dass *Ihre* Idee realistisch ist. Ihre Motivation muss so hoch sein, dass Sie nicht an der Funktionstüchtigkeit Ihrer Idee zweifeln. Erst kommt der Gedanke, dann der Weg!

Erst kommt der Gedanke, dann der Weg!

Das Gleiche gilt für den zweiten Satz, „Damit verdient man doch kein Geld". Auch dies ist eine Behauptung, die für die eigene Idee vorweggenommen wird, im Zweifelsfall noch bevor Sie jemals Ihre

Idee ausprobiert haben. Gehen Sie davon aus, dass etwas nicht funktionieren wird, wird es auch nicht funktionieren. Gehen Sie davon aus, dass es klappt, dann gibt es auch realistische Chancen, dass es klappen wird!

DER WEG IST DAS ZIEL

Bevor Sie also Ihre Träume und Visionen unerprobt wieder in die Kiste legen, klären Sie Ihre inneren Einstellungen, probieren Sie verschiedene Wege aus und vertrauen Sie Ihrem inneren Schritt-Macher. Denn in der Regel gilt auch hier: Der Weg ist das Ziel! Und jeder einzelne Schritt führt Sie näher an Ihre Berufung.

Selbstständigkeit als Weg

Wenn Sie über einen längeren Zeitraum unstimmige Rahmenbedingungen nicht ändern konnten, Arbeitsinhalte Sie zunehmend frustrieren statt erfreuen oder die vorhandenen Hierarchien Sie zusehends ausbremsen und Ihren Potenzialen keine Entfaltungsspielräume ermöglichen, kommt Ihnen möglicherweise der Gedanke, sich selbstständig zu machen. Im Prinzip ist dies eine lohnenswerte Idee, denn als feinfühliger Mensch bringen Sie mit Ihrer Verantwortungsbereitschaft, Ihrer Neigung zum selbstbestimmten Handeln und vielen weiteren Kompetenzen gute Voraussetzungen dafür mit.

Beachten Sie jedoch, dass eine Selbstständigkeit spezielle Kompetenzen von Ihnen verlangt, die für Sie nicht immer leicht zu erfüllen sind. So ist zum Beispiel eine höhere Wochenarbeitszeit für viele Selbstständige notwendig, um das umfangreiche und komplexe Arbeitspensum zu bewältigen und das Unternehmen zu einer gewissen Ertragsfülle zu bringen. Die Frage ausreichender Pausen stellt sich auch hier, allerdings wiegt die Freude und Zufriedenheit, die Arbeitsbedingungen nun besser an das eigene Wesen anpassen zu können, einiges auf und setzt zusätzliche Kräfte frei.

Im Folgenden finden Sie einige Soft Skills aufgelistet, die für eine Selbstständigkeit bei Hochsensibilität erforderlich sind.

Disziplin und Motivation – jeden Tag

Disziplin ist an jedem Arbeitsplatz erforderlich, aber in der Selbstständigkeit nimmt sie einen größeren Stellenwert ein. Wer, wenn nicht Sie selbst, sorgt für die (pünktliche) Erledigung der verschiedenen Aufgaben? Wer, wenn nicht Sie, stellt sich den unterschiedlichen, aber unabdingbaren Herausforderungen Ihres Arbeitsfeldes?

Sie können im Zweifelsfall die Dinge nicht delegieren oder auf die Kollegen hoffen, die sich vielleicht freudiger als Sie einer unliebsamen Aufgabe widmen. Wenn Sie es nicht tun, macht es keiner – und dies jeden Tag! Das erfordert viel Disziplin von Ihnen. Um sie immer wieder aufbringen zu können, brauchen Sie Motivation. Sie ist für die Sache, für Ihr Schaffen notwendig. Sie müssen in irgendeiner Weise für das brennen, was Sie tun. Sonst wird Ihnen auf Dauer die Kraft fehlen, täglich die kleinen und großen Herausforderungen zu meistern. Ihre Motivation ist der Motor Ihres Unternehmens. Auf was genau sich Ihre Motivation bezieht, kann ganz unterschiedlich sein. Für die einen ist es die Freude, ein Team zu leiten, für andere die Möglichkeit, Ungewöhnliches zu tun, für wiederum andere genau das Fachgebiet, in dem sie schon immer arbeiten wollten.

Hochsensible Menschen haben, sofern sie in ihrer Berufung arbeiten, mit Motivation und Selbstdisziplin nicht allzu große Probleme.

Die Sinnhaftigkeit ihres Tuns und die Freude, dies auf die genau passende Weise tun zu können, sorgt meist schon für eine hohe Motivation und gute Disziplin.

Selbstvermarktung – unabdingbar

Selbstdarstellung, Selbstpräsentation, Selbstvermarktung – das alles sind Kompetenzen, die den meisten Hochsensiblen nicht so sehr liegen. Zu unangenehm ist der Platz im Mittelpunkt einer Runde, zu groß ist die Selbstunsicherheit, zu „bescheiden" die Haltung zur eigenen Leistung: „Ach, ich mache doch eigentlich gar nichts Besonderes!" Für Hochsensible ist die Steigerung des Selbstwerts eine anspruchsvolle Aufgabe, da daran so viel Vergangenes und Verinnerlichtes hängt. Dann noch bei anderen die Werbetrommel in Sachen eigenes Unternehmen oder Dienstleistung zu rühren, ist schier unmöglich.

Es ist daher nie verkehrt, sich mit dem eigenen Selbstwert auseinanderzusetzen. Sie können nur gewinnen! Dennoch kann das Selbstmarketing manchmal zu viele Kräfte binden, und Aufwand und Ergebnis stehen nicht im Verhältnis. Überlegen Sie daher in einer solchen Situation, ob Sie sich Hilfe in Form eines externen Marketingexperten holen. Eine geschulte Person hat mehr Ahnung von den Tricks und Kniffen des Metiers und kann Ihnen aus der Außenperspektive wertvolle Hinweise geben, sich besser zu vermarkten.

Neugier – Bereitschaft für Veränderung

Durch Ihre Neugier erweitern Sie Ihr Repertoire, Ihre Kompetenzen, Ihre Selbstständigkeit. Es braucht diese Offenheit, damit Sie und Ihr Unternehmen nicht stagnieren. Neugier allerdings setzt eine gewisse

Bereitschaft für Veränderungen voraus, die für Hochsensible eine Schwierigkeit darstellen könnte. Daher ist es hilfreich, sich das Maß Ihrer eigenen Neugier bewusst zu machen und zu überprüfen, ob es für Ihre Unternehmung ausreicht oder ob Sie andere Wege einschlagen sollten, um an die Informationen oder Neuerungen zu gelangen, die für Ihre Firma wichtig sind. Sollten Sie Mitarbeiter beschäftigen, könnten Sie diesen Part beispielsweise (teilweise) delegieren.

Ausdauer – die Kunst der Geduld

Ohne Ausdauer und Geduld ist eine Selbstständigkeit nicht zu realisieren. Gerade im Bereich Marketing und Werbung ist dies besonders wichtig. Selbst wenn Sie eine innovative Idee oder Dienstleistung anzubieten haben, vergeht in der Regel einige Zeit, bis sich Ihr Angebot im Dschungel der Produkte bemerkbar gemacht und durchgesetzt hat. Dafür sollten Sie nicht nur immer wieder aktiv werden, sondern auch stets am Ball bleiben und Ihr Ziel nicht aus den Augen verlieren.

Sicherheitsbedürfnis – dem Leben vertrauen

Dies ist der Punkt, an dem Hochsensible scheitern können. Eine Selbstständigkeit bietet keine wirkliche Sicherheit. Sie können sich natürlich, sofern Ihre Einnahmen das hergeben, mit verschiedenen Versicherungen absichern. Aber wenn eine Marktkrise Sie erwischt oder Sie aus gesundheitlichen Gründen länger ausfallen, kann Sie das die Existenz Ihres Unternehmens kosten.

Hochsensible Menschen zeigen häufig ein größeres Sicherheitsbedürfnis, denn die Position des Außenseiters birgt bereits viele Unsicherheiten in sich. Daher ist es nur zu verständlich, dass viele

Feinfühligen die Risiken einer Selbstständigkeit scheuen. Auf der anderen Seite ist jedoch die Freiheit, die Dinge selbst so zu gestalten, wie sie tatsächlich zu Ihrem Wesen und Ihren Talenten passen, ein enormer Motor, der so manche Unsicherheit ausgleicht.

Flexibilität – in gesunden Grenzen

Dem Sicherheitsgefühl steht die Flexibilität gegenüber. Dies ist, gerade in der Selbstständigkeit, eine dringend notwendige Eigenschaft. Auf Krisen, Veränderungen oder Konflikte sollten Sie schnell und konstruktiv eingehen können.

Hochsensible jedoch scheuen oft Veränderungen. Zu hoch ist die Gefahr einer Reizüberflutung. Sollten Sie eine Selbstständigkeit anvisieren oder bereits aufgebaut haben, ist die Erweiterung Ihrer Flexibilität ein wichtiger Bereich Ihrer persönlichen Kompetenzen. Achten Sie auf die Dehnbarkeit Ihrer Grenzen, ohne jedoch das Gummiband reißen zu lassen. Passiert dies, droht eine Erkrankung oder ein Burnout. Daher ist es wichtig, dass Sie bewusst für Entspannung und Ausgleich sorgen. Pflegen Sie Ihr Hobby, machen Sie Sport, gehen Sie in die Natur, ins Museum, schwimmen Sie – machen Sie, was auch immer Ihnen gut tut und Ihr neuronales System wieder zur Ruhe bringt. Betrachten Sie diese Aktivitäten als ebenso festen und selbstverständlichen Bestandteil Ihrer Selbstständigkeit wie Mails beantworten, Kundengespräche führen oder in der Werkstatt arbeiten.

Die Freiheit, die Dinge selbst so zu gestalten, wie sie tatsächlich zu Ihnen passen, ist ein enormer Motor.

Selbstreflexion – für ein optimales Berufsleben

Um Ihr Berufsleben möglichst optimal zu gestalten, ist nicht nur die Analyse Ihrer Firma oder Unternehmung vonnöten, sondern auch die Reflexion Ihrer eigenen Person und Ihres Handelns. Sind Sie wirklich gut geeignet für eine Selbstständigkeit? Was können Sie gut, wo haben Sie Probleme? Wie gehen Sie mit Ihren Problemen um, und wie wirkt sich dies auf Ihre Selbstständigkeit konkret aus?

Eine wenig konstruktive Haltung hierbei wäre, die Ursachen zu oft auf äußere Bedingungen zu schieben: „Die Zeiten sind schlecht, die Mitarbeiter faul, die Kunden unwillig." Seien Sie vielmehr darin achtsam, was Sie selbst durch Ihre innere Einstellung zu sich, Ihren Mitarbeitern, Kunden und Ihrem Angebot auslösen. Schauen Sie in den sinnbildlichen Spiegel und hinterfragen Sie sich kritisch. Denn es ist um ein Vielfaches einfacher und effektiver, sich selbst sowie Ihre eigenen Einstellungen zu ändern als andere Menschen oder äußere Bedingungen.

EIN ARBEITSTAG DER JANA S., TEIL 2

Guten Morgen!

Leise streichelt mich die liebliche Melodie meines Weckers aus dem Schlaf. Ich recke und strecke mich, schön achtsam, um Sören nicht in seinem wohlverdienten Schulferienschlaf zu stören. Ich taste nach dem Ausschaltknopf der singenden Uhr, lande mit der Hand auf meiner Brille und dem darunterliegenden Buch. Kein Wasserglas, keine Tabletten mehr. Diese Zeiten sind vorbei.

Nach meinen Genussminuten schwinge ich mich aus dem Bett, immer wieder glücklich darüber, dass ich nicht mehr so früh aufstehen muss. Es ist zwar erst 6:50 Uhr und ich könnte noch ein bisschen liegen bleiben, aber die Zeit ist im Prinzip völlig in Ordnung. Spätestens um halb zehn muss ich im Büro sein, damit kann ich gut leben. Selten bin ich früher als nötig dort und habe dadurch mehr Ruhe für mein Morgenritual – als Eule muss ich mich ja nicht mehr als nötig quälen. Nach der traditionellen Dusche gibt es ein kleines Fit-for-fun-Frühstück: Kichererbsenpaste auf Knäckebrot, Kräuter-Obst-Smoothie – bereits am gestrigen Abend zubereitet – und ein paar Löffel Apfel-Mango-Salat in Amarantmüsli. Den Kaffee habe ich gegen Getreidekaffee und Tee im Wechsel getauscht, das macht mich nicht mehr so hibbelig. Überhaupt bin ich viel ausgeglichener.

Ich fühle mich nicht mehr so abgeschlagen und schwer, so antriebsarm und lustlos. Was so eine Kichererbsenpaste alles bewirkt … Nein, nicht nur die.

Der Arbeitstag

Wie gewohnt fahre ich mit der Bahn in die Stadt. Um diese spätere Zeit sind die Züge nicht mehr ganz so voll, was mir sehr angenehm ist. Ich finde meist noch einen Sitzplatz, und die Düfte meiner Mitfahrer verfliegen schneller in den Weiten der Wagons. Trotzdem habe ich mir angewöhnt, entweder ein Buch oder ein Rätselheft zur Hand zu nehmen. Damit vergesse ich leichter meine Umgebung. Heute tauche ich in den Zahlen einer Sudoku-Kniffelei ab.

Im Bürogebäude angekommen durchschreite ich entspannt die Eingangshalle und fahre nach oben. Ich bin nicht mehr die Frau der frühen Stunde mit der Schlüsselgewalt. Das Amt hat nun Frau Zeiler übernommen, unsere neue Sekretärin.

Die Neonröhren aber flackern noch immer, auch der Teppichboden ist noch der alte und mufft weiter täglich vor sich hin. Ein bisschen Tradition sollte man eben immer bewahren! Aber es nervt mich nicht mehr so stark, da mein Alltag mittlerweile entspannter verläuft. Was passiert ist, fragen Sie?

Nun, ich habe immer noch genug zu tun, mehr als genug. Aber meine Arbeit stresst mich nicht mehr so, sie macht mehr Spaß. Und ich habe im Büro endlich mehr Ruhe. Eigentlich war die Sache ganz einfach. Na ja, ehrlicherweise erst ab dem Moment, als mein Chef endlich verstand, worum es mir ging, und einlenkte.

Angefangen hat es damit, dass ich immer mehr Kopfschmerztabletten brauchte und Sören anfing, mich als langweilig und depressiv zu bezeichnen. Das hat mir doch einen ziemlichen Schock versetzt. Depressiv ist ja schon nicht wirklich schön, aber langweilig?! Ich begann zu überlegen, was schiefgelaufen war. Mir wurde klar, dass meine Situation im Büro mich schon länger und intensiver, als mir lieb war, belastete. Auf der Suche nach Erklärungen und Lösungen habe ich einiges gefunden, aber der Hinweis auf das Phänomen Hochsensibilität war für mich eine wahre Initialzündung. Unter einem ganz anderen Blickwinkel konnte ich mir den Stress anschauen, unter dem ich jeden Tag zu arbeiten hatte.

Da ich eine Praktische bin, habe ich mich schnell nach Veränderungsmöglichkeiten umgeschaut und viel gelesen. Ein paar Beratungen habe ich mir ebenfalls gegönnt, da ich anfangs gar nicht wusste, wo ich beginnen sollte, und nur Wände gesehen habe. Wir schauten zuerst, ob ich vielleicht in dem Beruf nicht gut aufgehoben bin, aber das war es nicht. Ich organisiere wirklich gern und mag auch den Kontakt mit anderen Menschen. Nur nicht dauernd und nicht mit so vielen Störungen dazwischen. Als ich mir meiner Sache sicherer war, habe ich in einem ersten Schritt versucht, meinem Chef die Unruhe in meinem Büro verständlich zu machen. „Das gehört nun mal dazu!“ meinte er ziemlich abschätzig. Daraufhin schlug ich ihm vor, dass wir ja die Räume tauschen könnten. Er als Chef hätte ja auch durchaus eine repräsentative Funktion und sollte für seine Mitarbeiter und Kunden gut erreichbar sein. Oder? Zuerst stutzte er, begann dann schallend zu lachen und meinte: „Eins zu null für Sie, Frau S.! Okay, lassen Sie uns schauen.“ Ich hatte wohl einen guten Tag erwischt, er hätte ja auch völlig anders reagieren können. Aber manchmal darf es auch einfach flutschen.

Es folgten einige Gespräche, in denen Herr Platzek langsam verstand, warum ich in dieser Form und in diesem Raum nicht mehr weiterarbeiten konnte. Es kristallisierte sich heraus, dass mit der Expansion der Firma die gestiegenen und weiter steigenden Aufgaben tatsächlich nicht mehr nur von einer Sekretärin zu bewältigen waren und eine zweite Fachkraft eingestellt werden musste. Zusätzlich machte ich ihm deutlich, welche Qualitäten ich tatsächlich gut und gerne einbringen kann und welchen Nutzen sie für die Firma hätten, beispielsweise mein Organisationstalent, mein Hang zu kreativen Innovationen, mein guter Überblick und meine Weitsicht, mein strukturiertes und verantwortungsvolles Arbeiten.

Nach einigen Tagen Bedenkzeit bat mich Herr Platzek wieder zu sich und eröffnete mir, dass er mich hiermit zur Büroleiterin küren würde. Ich bekam nun, nach der Einstellung von Frau Zeiler, unserer neuen Sekretärin, meinen Arbeitsplatz in dem Raum vor seinem Büro. Wir vereinbarten zusätzlich eine Gleitzeitregelung, und somit war ich aus der Schusslinie aller einfliegenden Kollegen und konnte morgens etwas länger schlafen. Endlich muss ich nicht mehr zu nachtschlafener Zeit aufstehen und habe morgens keinen Schlüsselstress mehr. Oh, was für eine Erleichterung ist das tagtäglich für mich!

Bevor wir alle diese Änderungen umgesetzt hatten, war mir überhaupt nicht klar, wie sehr mich die ganze Arbeitssituation gestresst hatte. Nun freue ich mich wieder (fast) jeden Tag aufs Büro, meine Muskelverspannungen im Rücken sind schon weniger geworden, und ich genieße auch wieder die kleinen Frotzeleien unter uns Kollegen. Vorher war ich ja nicht mehr auszuhalten, ständig grimmig und humorlos – ich fand mich schon selbst unsympathisch.

Der Abend

Heute fahre ich nicht direkt nach Hause. Durch die Gespräche in der Beratung und mit meiner Ärztin – mein Blutdruck schwankte dauernd – wurde deutlich, dass ich mir und meinem Körper Gutes tun sollte, wenn ich noch viele Jahre ein schönes Leben genießen wollte. Erst habe ich Meditation ausprobiert, aber das war mir zu langweilig. Dann bin ich ein paar Mal zum Volleyballtraining gegangen. Früher hatte ich ziemlich intensiv gespielt, aber das ist nun auch schon etliche Jährchen her. Jedenfalls passte Volleyball auch nicht, zumal die Sache dort mit so einem übertriebenen Ernst und Eifer verfolgt wurde. Das war mir zu anstrengend. Schließlich erzählte meine beste Freundin was von einem Bewegungstraining, das wunderbar für Haltung und Figur sei. Man könne es ganz individuell dosieren, und es ginge dabei richtig zur Sache. Das klang für mich als Hochsensible gut.

Ich nahm ein paar Probestunden und bin nun schon fast ein halbes Jahr dabei. Ich muss sagen, meine Freundin hatte keinesfalls übertrieben. Ich werde nicht nur beweglicher, sondern spüre auch jedes Mal mehr, wie der Alltagsstress von mir abfällt, und ich beginne tatsächlich, das Leben wieder zu genießen. Ich wusste schon gar nicht mehr, wie das geht. Sören findet mich inzwischen auch nicht mehr langweilig. Das ist gut so.

Mit den Mädels aus dem Kurs gehe ich danach noch kurz in das indische Restaurant um die Ecke. Dort ist es meist ruhig und nicht so voll, und es gibt leckere gesunde Kleinigkeiten. Das ist jetzt mein Absacker nach einem runden Tag.

SICH DIE WELT ZU EIGEN MACHEN – EIN AUSBLICK

In diesem Buch haben Sie einiges über die ursprünglichen, die verdeckten und die für unsere zukünftige Berufswelt dringend erforderlichen Kompetenzen hochsensibler Menschen erfahren. Sie haben sich Gedanken über Ihre eigenen Fähigkeiten und Ihre Geschichte gemacht, um Ihre eigenen Qualitäten deutlicher zu erkennen und zu beginnen, sie ins rechte Licht zu rücken.

Verabschieden Sie sich von dem Glauben, dass Ihre Stärken, Ihre Fähigkeiten, Ihre Soft Skills nicht gefragt oder gar überflüssig wären. Das Gegenteil ist der Fall. Für die Herausforderungen der Zukunft sind Sie bestens gerüstet! Achten Sie allerdings darauf, dass Ihre Kompetenzen wirklich vom Staub Ihrer Vergangenheit befreit werden und wieder in voller Schönheit und Kraft erstrahlen können. Gemeinsam mit Ihren neu entdeckten Stärken gewinnen auch Sie an Zutrauen und Selbstbewusstsein, um sich vom Hässlichen-Entlein-Mythos zu verabschieden. Stehen Sie zu Ihrer Veranlagung und Ihren Besonderheiten! Wenn Ihnen dies möglich ist, werden Sie Schritt für Schritt wie von selbst und ganz selbstverständlich Ihren Platz in der Berufswelt einnehmen.

Es ist derzeit oftmals noch ein mutiger Schritt, als hochsensibler Mensch unsere Welt mitzugestalten. Aber dies sollte Sie, gestärkt wie Sie nun sind, nicht abschrecken. Machen Sie sich und Ihrer

Firmenleitung bewusst, dass die Qualitäten feinfühliger Menschen nicht nur Sie selbst, sondern auch Ihre Firma und unsere Gesellschaft ungemein weiterbringen.

Sie sind mit Ihrer Veranlagung nicht allein und Sie sollten es auch nicht bleiben. Sorgen Sie für all die nötigen Veränderungen in Ihrem Berufsleben, die Sie brauchen, um sich bestmöglich zu entfalten und Ihre Freude an Ihrem Wirken und Schaffen zu genießen. Dazu brauchen Sie das Selbstbewusstsein, dass Sie es wert sind und dass auch Ihre Gaben es wert sind, wieder ihren Platz in unserer Gesellschaft einzunehmen. Allzu lange haben Hochsensible ein Schattendasein geführt, weil ihre Qualitäten verkannt und nicht gesehen wurden. Dies ist nun vorbei. Lassen Sie sich auf Ihrem Weg nicht beirren!

Ich wünsche Ihnen dafür viel Kraft, viel Freude dabei und wunderbare Menschen an Ihrer Seite.

Ihre
Cordula Roemer

DANKSAGUNG

So wie hinter jeder bekannten Persönlichkeit Menschen im Hintergrund stehen, die der Sache oder der Person ihre Kraft und Unterstützung geben, so gibt es auch bei der Entstehung eines Buches Menschen, die aus dem Hintergrund zu dessen Erscheinen und Gelingen beitragen.

Allen voran danke ich an dieser Stelle dem humboldt Verlag für die Einladung zu diesem Buch, der ich gerne gefolgt bin. Katja-Maria Koschate, Lektorin bei humboldt, hat meine Zweifel, Überlegungen und weitschweifenden Gedanken immer wieder sehr gekonnt, interessiert und engagiert in konstruktive Bahnen gelenkt. Unsere Gespräche waren stets anregend und erhellend. Auch Linda Strehl danke ich für das klare und bündelnde Lektorat, das so manche Unebenheiten in Text und Gedanken glättete.

Meinen Kolleginnen und Freundinnen Ief Parsch und Manja Jacob danke ich für die vielen inspirierenden Gespräche, durch die sich nach und nach die Perlen dieses Buches herausschälen konnten.

Nicht unerwähnt lassen möchte ich all jene, die mir in den HSP-Treffen, den Beratungen und Coachings immer wieder durch ihr Vertrauen Einblicke in die komplexe Thematik der Hochsensibilität gewährten und gewähren. Nur dadurch ist es überhaupt möglich, dieses Thema in dieser Tiefe und Breite zu erfassen, die Tragweite hochsensiblen Lebens und Arbeitens zu erfassen und diese Erkenntnisse Schritt für Schritt in die Öffentlichkeit zu tragen.

Ich danke Ihnen und Euch allen dafür, dass ich diese Aufgabe auf meine Weise erfüllen darf.

QUELLEN UND INSPIRATIONEN

Literatur

Elaine N. Aron: Sind Sie hochsensibel? Wie Sie Ihre Empfindsamkeit erkennen, verstehen und nutzen. mvg, München 2005

Georg Parlow: Zart besaitet. Festland, Wien 2003

Will Bowen: Einwandfrei. Wie Sie aufhören, über Gott und die Welt zu klagen und stattdessen anfangen, wirklich das Leben zu genießen. Die 21-Tage-Herausforderung. Arkana, München 2008

Andrea Brackmann: Jenseits der Norm – hochbegabt und hoch sensibel? Die seelischen und sozialen Aspekte der Hochbegabung bei Kindern und Erwachsenen. Klett Cotta, Stuttgart 2017

Brigitte Schorr: Hochsensible im Beruf. SCM, Holzgerlingen 2018

Susanne Kirschner-Brouns und Cordula Roemer: Hochsensibel – Leichter durch den Alltag ohne Reizüberflutung. GU, München 2017

Cordula Roemer und Susanne Kirschner-Brouns: Mein hochsensibles Kind – Leichter durch den Alltag mit Naturmedizin. GU, München 2018

Cordula Roemer: Hurra, ich bin hochsensibel! Und nun? Springer, Heidelberg 2017

Cordula Roemer: Ein hochsensibles Jahr mit Gustav – Episoden-Roman mit Fachkommentaren. Springer, Heidelberg 2018

Cordula Roemer: Ich bin wie ich bin. Hochsensible Menschen berichten aus ihrem Leben. Schibri, Uckerland 2012

Peter Spiegel: WeQ – More than IQ: Abschied von der Ich-Kultur. oekom, München 2015

James T. Webb: Doppeldiagnosen und Fehldiagnosen bei Hochbegabung. Ein Ratgeber für Fachpersonen und Betroffene. Hans Huber, Bern 2015